湾区有段古系列丛书

李沛聪 主编

湾区风俗知多啲

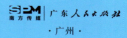

南方传媒　广东人民出版社

·广州·

图书在版编目（CIP）数据

湾区风俗知多啲 / 李沛聪主编.—广州：广东人民出
版社，2023.3
（湾区有段古系列丛书）
ISBN 978-7-218-15549-4

Ⅰ. ①湾… Ⅱ. ①李… Ⅲ. ①风俗习惯—介绍—广
东、香港、澳门 Ⅳ. ①K892.465

中国版本图书馆CIP数据核字（2021）第271065号

WANQU FENGSU ZHIDUODI
湾区风俗知多啲
李沛聪　主编

版权所有　翻印必究

出　版　人：肖风华

项目统筹：黄洁华
策划编辑：张　芳
责任编辑：李丽珊　郑方式
责任技编：吴彦斌　周星奎

出版发行：广东人民出版社
地　　址：广东省广州市越秀区大沙头四马路10号（邮政编码：510199）
电　　话：（020）85716809（总编室）
传　　真：（020）83289585
网　　址：http://www.gdpph.com
印　　刷：广州市豪威彩色印务有限公司
开　　本：889mm×1194mm　1/32
印　　张：6.625　　字　数：80千　　　插　页：1
版　　次：2023年3月第1版
印　　次：2023年3月第1次印刷
定　　价：39.80元

如发现印装质量问题，影响阅读，请与出版社（020-85716849）联系调换。
售书热线：（020）85716826

编委会

前言 Preface

　　粤港澳大湾区，是一个经济概念。在2019年，国务院发布《粤港澳大湾区发展规划纲要》，为把粤港澳大湾区打造成世界级城市群、国际科技创新中心指明了方向。

　　但在"粤港澳大湾区"这个经济概念正式提出之前，"省港澳"其实早已作为一个文化概念，存在了很长时间。

　　所谓"省港澳"，指的当然是广东省、香港地区和澳门地区。自从明朝葡萄牙人聚居澳门、清朝英国殖民香港，广东、香港、澳门就一直作为中国南部对外交流的窗口而存在。

　　其间，虽然各地的经济文化发展情况各有不同，但其交流之密切，互相影响之深远，让省港澳地区越来越成为一个独特的整体。

虽然省港澳三地有许多不同的特点，在不同的历史时期也有着不同的管治方式，但三地也有着更多的共通之处，尤其在文化上，同处中国岭南之地，同处沿海地区，文化上自然有着许多共同点。

例如，广东大部分地区与香港、澳门一样，日常都以粤语（广府话、白话、广东话）作为交流的语言；以广州、佛山为代表的广式饮食文化，与香港、澳门的饮食文化，更是同源同宗，有着许多相似的美食；粤剧、南狮、龙船等，都是三地共同的非物质文化遗产；省港澳三地从生活习惯到文化观念，都有着沿海地区务实、包容、开放、奋进的特点……

从清朝开始，省港澳地区就成为了推动中国发展的前沿阵地，从洪秀全到孙中山，从全国唯一的通商口岸到改革开放的试点城市，从小渔村到世界瞩目的东方之珠，这个地区一直为中国发展注入新的活力。到了现在，在"粤港澳大湾区"的概念之下，这个地区将会焕发出更新更强大的面貌，继续为中国的发展贡献自己的力量。

这个满载着历史又充满了希望的大湾区，值得让更多人对它有更多的了解和认识。正是出于这样的想法，在多个团队的共同努力下，我们出版了这一套《湾区有段古》系列丛书，从衣食住行的方方面面，为大家讲述粤港澳大湾区，或者说"省港澳"的故事，希望让每一位读者对大湾区有更进一步的了解认识。

为了不让大家觉得沉闷，我们搜集了许许多多历史上的、传说中的、现实里的故事，希望大家通过这些有趣的故事来了解大湾区。这些故事有不少都来自于民间的口口相传，不一定有标准的版本，但无论哪一个版本，寄托的都是湾区人民对美好生活的向往和善良、包容、奋进的价值观。

希望每一位读者都可以通过这些故事，加深对粤港澳大湾区的了解，同时感受它更多的魅力吧！

最后，要感谢每一位参与本书编撰、绘画的小伙伴，是你们的努力付出，让这套丛书的出版成为可能。

李沛聪
2022年夏

目 录
Contents

乞巧节

　　农历七月初七，是传说中牛郎和织女在鹊桥相会的日子，也就是七夕，后来被称为中国的"情人节"。不过在不同地区，这个节日有着不同的含义，例如在广州的习俗中，这一天是少女在庭院向织女星乞求智巧的日子，因此也称之为"乞巧节"。

　　传说，与牛郎相会的七姐是天上的织布能手，旧时妇女向七姐"乞巧"，乞求她传授心灵手巧的手艺。而实际上，所谓"乞巧"其实是"斗巧"。乞巧的方式大多是姑娘们穿针引线验巧，做些小物品赛巧，摆上些瓜果乞巧。

　　乞巧节被广州人称为"七姐诞""七娘诞"，或"摆七娘""拜七娘"。广州人历来重视过此节，而广州乞巧节隆重的仪式是其他地方所没有的。节日活动包含摆巧、拜仙、乞巧、吃七娘饭、看七娘戏等，其中以"摆巧"为主要内容，并形成独具特色的传统七夕工艺系列作

普通话音频

粤语音频

品，如斋塔、芝麻香、鹊桥景观、七娘盘、七夕公仔等。

此外，乞巧节还有一个十分独特的风俗习惯，那就是"迎仙"。所谓迎仙，是在乞巧节到来之前，姑娘们就预先备好彩纸、通草、线绳等，编制成各种奇巧的小玩意，用来和孩子们逗乐。同时，还会准备一些谷种和绿豆，放入小盒里用水浸泡，使之发芽，待芽长到两寸长时，便用来拜神，称为"拜仙禾"和"拜神菜"。

在七月初六、初七两个晚上，姑娘们会穿上新衣服，戴上新首饰，一切都准备好后，便焚香点烛，对星空跪拜，自三更至五更，要连拜七次。

拜仙之后，姑娘们手执彩线对着灯影将线穿过针孔，一口气能穿七枚针孔者叫得巧，被称为巧手，穿不到七个针孔的叫输巧。乞巧节过后，姑娘们将所制作的小工艺品、玩具互相赠送，以表达友爱之情。

广州是目前国内乞巧习俗保留较为完整和特色较为鲜明的城市，以族群为单位展开的"七姐诞"具有极高的民俗学、人类学价值。

盘古王诞

　　盘古王诞，是广州花都一带的民间习俗，盘古文化在花都有着悠久的历史，源于花都狮岭的汉族和瑶族人民对盘古的崇拜。盘古王诞最早可追溯至秦汉时期汉族盘古崇拜与瑶族盘瓠崇拜的岭南融合。

　　在岭南地区，汉族文化认为盘古是开天辟地的自然神，而瑶族人民则笃信盘瓠为自己的祖先。这两种文化交流与整合最终形成盘古与盘瓠异源同流、相互融合的关系。因此人们将每年农历十月十六日定为盘王节，并于盘古庙前庆贺，祈求风调雨顺、人畜兴旺。所以，此地古有"南海中盘古国"的称号。

　　不过到了明朝以后，当地曾经广为传播的盘古信仰几乎一度消亡。直到清朝嘉庆初年，当地人邱毛松在炉山半山腰无意中发现一块盘古神碑，碑上正面刻着"初开天地盘古大王圣帝神

普通话音频

粤语音频

位"。于是邱毛松在山腰搭起一座"盘古神坛",把这块盘古神碑供立其中,并将拾到神碑的农历八月十二定为盘古王诞日。后来才逐渐形成现在的盘古王诞。

关于盘古王诞,还有一个"盘古王不嫌假烧猪"的故事。话说早年有一位受迫害的穷人听说盘古王灵验,又听说盘古王最爱吃烧猪,于是就跑来拜祭盘古王求保佑,因为没钱买烧猪,于是做了一块假烧猪。他想着盘古王有很多烧猪可以吃,也不会在乎他这一块。谁知他这头假烧猪一下子就被盘古王识破了,盘古王显灵责问他为何做假?那个穷人只好如实禀告,说自己受坏人迫害,穷得连粥都没得吃,哪里买得起烧猪。

盘古王听了之后,马上去惩治了那个坏人,又回来告诉穷人,让他去转告其他贫苦百姓,以后来拜祭的时候如果买不起烧猪,做个假的也可以,盘古王照样会保佑他们。

何仙姑诞

何祖，又称何秀姑、何仙姑，传说居于青华洞天，是八仙中唯一的女仙，又因其形象为一手持荷花的美丽女子，巧降及时雨、治世渡生，故民间称其为"荷仙姑"。

而据明陈梿《罗浮志》及《历代神仙通鉴》等书记载，何仙姑原名何秀姑，是武则天时期广州增城何泰的女儿，一家以卖豆腐为生。

秀姑自小聪明伶俐，13岁入山采茶时遇见一位道士，道士给她吃了一个桃子，从此她不饥不渴，通晓人情世事，经常帮助当地百姓。

到了该婚嫁的年龄，父母给她找了个姓冯的婆家，秀姑却不肯嫁人，还自投水井。此后，她竟从福建莆田的江河里漂了出来，原来那井与河是相通的。秀姑"投井又复活"在当时传为奇案，遂有秀姑已经"登仙"的传说。后人便不再叫她"秀姑"，而改称她"何仙姑"。

 普通话音频

 粤语音频

　　成仙后的何仙姑念念不忘人间的疾苦，经常在南方一带行云布雨，消除疫灾，解救苦难。每年农历四月初十是何仙姑的生日，老百姓为了感激她，把这一天设为何仙姑诞，同时为她设了很多何仙姑庙，庙内设有何仙姑祭祀会，备有金猪、斋菜、鲜果，还有八音吹唱或演大戏。据说，增城的挂绿荔枝也与何仙姑有关。相传何仙姑在大会群仙于增城西园寺的时候，把一条翠绿色的绸带挂在荔枝树上，挂绿荔枝由此感染仙气而结出果实。而何仙姑诞也成了增城宝贵的财富，被流传至今。

湾区有段古系列丛书：湾区风俗知多啲

金花娘娘是一位传说中的人物，又称金花夫人、金花圣母，是广府人传说中的生育女神，俗称"送子娘娘"。据说金花娘娘在明洪武七年四月十七出生于广州西华路金花直街，这个日子后来就成为了传统民俗节日"金花诞"。

相传明朝洪武年间，广州一位巡按因为夫人临盆难产而手足无措，这时他梦见一个老翁说："如果请得金花姑娘来，就可保母子平安。"

巡按立即派人四处寻访，好不容易找到一位名字叫"金花"的少女，立即接到家中。正好，民女刚入后堂，就听到夫人已经平安产下婴儿的消息。巡按大喜过望，认为金花真的是仙女下凡，直呼金花娘娘救其夫人于危难，对金花顶礼膜拜。

这件事很快传遍广州城，许多妇女临产的时候就都来找金花祈求庇佑，保生贵子。可是如

普通话音频

粤语音频

此一来，大家都把金花当成"活菩萨"，竟然无人敢与她成亲。随着年岁渐长，金花变得郁郁寡欢，最后竟投湖自尽。

金花投湖几天后，湖中间浮出一个沉香小像，相貌酷似金花，居民将其迎接上岸，建祠祀奉，尊之为"金花保子惠福夫人"，将该湖称为仙湖，其庙为金花庙，并将每年的农历四月十七日定为金花诞。

除此之外，关于金花娘娘的出处，还有另外一个说法。相传金花姑娘是一位有钱人家的侍女，主人家生了一个儿子，特别爱哭，但只要金花姑娘抱抱，小孩马上就不哭了，特别好带，于是一传十，十传百，好多人都带着孩子来找金花姑娘抱一抱。因此，金花姑娘就成为专门关爱妇女儿童的神仙了。

鱼花诞

　　鱼花诞，是发源于云浮六都地区的民间节日，每年农历四月二十日，当地都有放养鱼花的风俗。所谓鱼花，指的是鱼苗、鱼秧。

　　关于鱼花诞的来历，有一个很励志的故事：

　　相传明万历年间陈璘平定三罗后，人们除了耕种外，还依靠西江黄金水道发展渔业，过上了自给自足的生活。随着人口的不断增加、生产技术落后的限制和自然灾害的频发，人们已经无法靠耕田种地养活一家人。这时，有位黄姓青年从六都到南海九江打工，学到了一套捕捞鱼幼苗、育鱼种和配送鱼苗的技术，成为鱼苗场的师傅。

　　学好手艺之后，他一心改善家乡生计，便向场主告辞回乡。场主为了挽留他，便吓唬他说珠江水来自西江、北江、绥江，只有在三江汇集的珠江水里繁殖鱼幼苗才能成功，若回到六都育鱼苗，根本不会成功。与其冒险，倒不如安心在这里打工。

普通话音频

粤语音频

　　但黄姓青年并没有被场主吓倒，他坚信有鱼的地方一定能繁殖鱼花，于是他毅然回到家乡，召集乡亲办起了鱼苗场。由于他技术过硬，鱼苗场获得了巨大成功。通过苦心经营，家乡的鱼苗场由原来的一家发展到十多家，其至将业务拓展到肇庆、阳江、云浮罗定、茂名高州等地区。

　　这黄姓鱼苗主不仅育鱼花，还贩售鱼花，最终积劳成疾，在中年的时候病故了，这天是农历四月二十日，刚好是他生日。此后，渔民们每逢这一天都略备三牲酒礼拜祭这位带领他们繁殖鱼花的恩人，后来还为他建了座小庙，称为"塘公庙"。农历四月二十日大家聚会这一天，便被称为"塘公诞""鱼花节"，一直流传至今。

　　除此之外，关于鱼花节，还有另一个传说，说的是当年战国时期，被孙膑打败的庞涓，逃到云浮六都一带定居，并在这里改良生产工具，教导渔民放养鱼花，改善民生，深得人心。在他去世之后，当地人将他的诞辰四月二十日定为"庞公节"，庞涓被尊为"鱼花神"，这个节日后来就逐渐演变为"鱼花诞"。

湾区有段古系列丛书：湾区风俗知多啲

郑仙诞

　　郑仙诞，是广州白云山最重要的民俗节日。这位郑仙是先秦时期的方士，名叫郑安期，曾经在广州白云山一带行医卖药，传说某年瘟疫盛行，他为了拯救百姓，在山上采仙草九节菖蒲的时候失足坠崖，驾鹤成仙。

　　为了纪念郑安期，同时表达对他的感激之情，人们在他成仙的地方建了一个"郑仙祠"，把他坠崖的地方称为"郑仙岩"，仙鹤展翅起飞处为"鹤舒台"，仙鹤载他升空的一处石崖称为"升仙石"，而他飞升之日农历七月二十五，则被定为"郑仙诞"。民众在这一天登山拜祭，同时采集菖蒲、涧中沐浴、祈求身体强健，后来这些活动逐步演化成广州地区的一个重要民俗。

　　老广州通常会在农历七月二十四晚上吃完晚饭就开始上山。爬到白云山顶待上一晚，第二天

普通话音频

粤语音频

祈完福再下山回家。时人有"满天花雨湿罗衫，纷纷游侣出城东"的说法，每到郑仙诞，广州城的老老少少相继出城东北门，络绎于途。山路两旁摊档密布，茶水档、饼食档、花卉档、纸花档、风车档、摇鼓档、香烛档……太阳下山时，从山脚往山上望，可以看到灯火相连，仿佛一条闪闪的"银链"挂在白云山上。

如今，郑仙诞正被越来越多的人所知，郑仙诞项目于2015年被列入白云区第四批区级非物质文化遗产代表性项目名录，2017年被列入广州市非物质文化遗产代表性项目名录，其知名度和美誉度不断提高。

波罗诞

广州南海神庙的庙会，是一项古老的传统民俗及民间宗教文化活动。在每年农历二月十一至十三日举行，其中二月十三日为正诞，也叫波罗诞，即南海神诞，是广东省广州市乃至珠江三角洲地区独具特色的传统民俗节庆活动，也是最大的民间庙会，同时是现今全国唯一对海神进行祭祀的活动。

相传唐朝时，一位天竺国的波罗使者来华，因故误了归期，终老于广州，后被封为"达奚司空"，人们还建海神庙供奉。因其来自波罗国，带来波罗树，在南海神庙种植了波罗树，神庙在民间又被称为"波罗庙"，设定的生日也被称作"波罗诞"。因此南海神诞也就被称作"波罗诞"。

在"波罗诞"期间，会举行很多有意思的民俗活动。"波罗诞"买波罗鸡，一直是当地人的

普通话音频

粤语音频

　　"保留项目"，但是这波罗鸡可并非真鸡，而是一种工艺品。

　　而波罗诞期间包粽子，更是庙头社区一带沿袭800多年的风俗。每逢"波罗诞"到来，南海神庙附近社区的居民就会齐聚祠堂包粽子，庆贺节日，赠亲送友。邻里和谐、欢声笑语、融融一堂，为传统节日营造了热闹喜庆的气氛。当地人买了波罗粽，还喜欢在小孩的脖子上挂一个，寓意丰衣足食。传说粽子的形状可以辟邪，吃的粽子越大，越能够保平安。

　　除此之外，在正诞之后举行的花朝节，即"花朝盛会"，也是波罗诞的系列活动之一。在农历二月十四、十五这两天，女孩子们都会相约来到南海神庙，行拜花之礼，祈求美丽幸福快乐。相传这个节日与武则天有关，因其爱好赏花，所以每逢农历二月十五日，她都会令宫女采集百花，与米一起捣碎做成花糕，赏赐给众臣。上行下效之下，花朝节便逐渐盛行，成为女孩子们拜花、爱花、赏春、比美的日子。

龙母诞

　　龙母诞是广东德庆悦城地区一个古老的传统民俗及民间宗教文化活动。传说农历五月初八是龙母的诞辰。每年的五月初一到初八，大批的善男信女都会前往悦城龙母庙进香朝拜。

　　据专家考证，龙母是母系氏族社会中，岭南地区的部落首领，在先秦时期，她带领着族人从广西来到广东，落籍德庆悦城，之后逐渐发展壮大，由于他们为当地人做了不少好事，所以受到当地人的敬仰。

　　龙母诞有很多有趣的习俗：

　　抢炮头。据说悦城龙母祖庙的花炮最为显灵，因此两广的许多商人前往竞抢，动辄花费逾万。抢得炮头者，则在第二年龙母诞时，酬还炮头。

　　摸龙床。就是到悦城龙母祖庙梳妆楼上的龙母卧床上摸摸龙枕、龙被和龙帐。据说，摸一

普通话音频

粤语音频

摸，便时来运转；坐一坐，就早生贵子。有的则说："摸摸龙枕，高枕无忧。摸摸龙被，一年好到尾。"

饮"圣水"。龙母庙后面有一眼具有一定杀菌功能的硫黄矿泉，被称为"圣水"。庙祝用水管将"圣水"接出，在水龙头正下方，放一跪垫，跪垫内设阀门装置。只要香客跪在垫子上，"圣水"便哗哗流出；一站起身，阀门便自动关闭。

吃"金猪"。其实就是吃烧猪，将整只乳猪烧得黄灿灿的，用以祭祀龙母。奉祀完毕，在庙前斩食。据说，这样不但可以强身健体、百病难扰，而且可以纳财得"珠"。

鲤鱼放生。在龙母"得道诞"期间有一个隆重的"万人放生"活动，而民间自发的鲤鱼放生活动也很活跃。

潮汕英歌舞

潮汕人民能歌善舞，英歌舞就是潮汕的传统舞蹈之一，独具特色，深受人们喜爱。据《潮阳县志》记载，潮汕英歌舞大致产生于明代，它蕴含了民间的舞蹈特点和宗教意识，是汉族民间广场舞蹈和傩文化形态的延续。

潮汕英歌舞的表演形式多为大型的集体舞，表演者双手各握一根短木棒，上下左右互相对击，用健壮有力的动作表演配上节奏强烈的民间音乐，让人叹为观止。关于英歌舞的由来，有不同的传说，其中在民间流传甚广的便是"秧歌说"。据说潮汕英歌舞来源于中原的秧歌，像人们熟知的山东鲁北"大鼓子秧歌"和鲁西"柳林秧歌"，都可能是英歌舞的前身。因为英歌与"秧歌"在潮州话里的发音比较相近，故称"英歌舞"。

普通话音频

粤语音频

　　潮汕英歌舞还热衷取材于梁山泊好汉江州劫法场救宋江的传奇故事，表演者扮成梁山泊众好汉108人，进行集体的舞蹈表演。由于梁山泊的好汉中男性角色居多，因此英歌舞的队伍里男丁为主，并且人数一般依各村男丁而定，《水浒传》里有"三十六天罡"和"七十二地煞"，故人数以36人和72人为最佳。表演分为前棚和后棚，表演内容多为梁山泊英雄好汉乔装攻打大名府营救卢俊义和乔装劫法场救宋江的场景。英歌舞者们跟随着敲锣声不断地变换舞姿和队形，形态万千。

　　这样一种独具潮汕特色的民间舞蹈艺术，在当地已传承了数百年，并成为大众非常喜爱的文化活动之一。

拜老爷

　　"拜老爷"是广东潮汕的一种传统民俗，从明代中期一直流传至今。正月里"拜老爷"是潮汕家家户户的头等大事，关乎家宅兴衰。潮汕人的"老爷"不是指"家公"，更不是指官绅，而是对神明如伯爷公、土地公、灶神、妈祖等的尊称。各地在不同的时节都会举办规模盛大的"拜老爷"活动，由于祭祀对象和敬拜的神仙众多，祭祀活动更是丰富多彩。

　　每月的初一、十五是潮汕人固定的祭祀时间，这时要祭拜家里的地主爷和玉皇大帝，初三、十七要祭拜妈祖，初十、二十四祭拜如来佛祖，初九、二十三祭拜观音娘娘。当然一年中还有土地公、财神、门神等其他"老爷"会在不同的时间去祭拜，特别是从大年三十到正月十五，每隔两三天就要"拜老爷"。潮汕"拜老爷"规模之大、活动之多不在话下，其相关习俗也是十

普通话音频

粤语音频

分讲究，当中关键的一式，便是各种纸钱的正确搭配方法。比如银锭用在喜节，小金则用在清明，拜地主爷、土地公要用福钱、说话钱、银锭、大金等。除此之外，"拜老爷"的贡品也十分讲究。有三牲：猪、鸡、鱼，有特色潮汕粿食：发粿、乒乓粿和桃粿，还有必备的卤鹅和新鲜的水果，不过还是要根据不同的节日，选择相应的贡品。为此，潮汕人还独创了一首祭品摆放口诀："茶前酒后三张椅，香炉油灯放一起，钱财应放香炉旁，祭品摆在正中央！"

其实潮汕人"拜老爷"，并不看重祭品的大小和纸钱的多少，而是"诚心就好"。与其他的宗教活动相比，"拜老爷"更加灵活且具潮汕特色，人们通过庄严的祭拜活动，表达对先人的感恩与追念，并祈求生活安顺、国泰民安，充分体现了潮汕人民对美好生活的向往。

湾区有段古系列丛书：湾区风俗知多啲

出花园

　　潮汕有句俗语："十五成丁，十六成人。"因此在潮汕，孩子虚岁十五岁时便已成年，这时，便会给孩子举行一场成人礼，即"出花园"，寓意着让孩子走出温暖的"花园"，开始学会独立与担起责任。这是广东潮汕地区独有的一种汉族传统民俗，一般在农历三、五、七月举行。

　　"出花园"的前一天，孩子们都要洁净全身，男孩子要刮脸，女孩子要挽面，外婆要提前准备好新衣服和红木屐。

　　到了"出花园"当天早晨，孩子要在浸有12种不同鲜花的水中沐浴，洗浴完穿上新的红肚兜和红木屐，兜里放上12个桂圆和两个银元，寓意平安顺利。待孩子们穿戴好后，就要去拜别"公婆母"，在一个扁竹筐里摆放三牲果晶，用竹米筒装米插上三支香和两只蜡烛，放上少许"纸钱"，最后放在床上，祭拜完后还需扔掉香炉

普通话音频

粤语音频

碗。到吃早饭时，要凑齐八个人，还得有八道或者十二道菜，并且早餐中必定有一只公鸡，这只公鸡便是"出花园"的重头戏。

相传在明嘉靖年间，学生都要穿红鞋上学。但林大钦因家境贫困，买不起红鞋，父母只好从市场买一双木屐，刷上红油给他穿着上学。有一天，林大钦在回家的路上看见有一位老者抱着一只公鸡蹲在地上，旁边还有一对红联纸，不过只写了上联："雄鸡头上髻。"老者希望把公鸡送给能够对出下联的人，可路过的人都没能够对出让老者满意的答案，唯有林大钦对出了："牝羊颔下须。"老者非常满意，于是便把公鸡送给了他。回到家里，父亲把公鸡烫熟后砍了个鸡头奖励给林大钦，后来，林大钦中了状元，名扬天下。潮汕人便取鸡头的独占鳌头之意，认为这是一个好兆头，将穿红木屐、抱大公鸡的习俗一直流传至今。

中秋吃田螺

　　广东人过中秋节，除了月饼之外，还有一种必不可少的美食，那就是田螺。《顺德县志》一书中就有提到："八月望日，尚芋食螺。"

　　广东人在中秋节吃田螺的原因有三个。一是有民间传说，吃田螺可以明目，因为田螺中富含的维生素A是视色素的重要成分。二是吃田螺时，需要先去壳再吃肉，也就是"食心（新）转运"，寓意着得好运、去晦气。三是粤语中的"螺"与"攞"同音，俗话说"向田攞食"，因此吃田螺也寓意着五谷丰登。

　　据传，古代有一个穷书生，他在中秋时节没有钱买肉，只能白天去田间找一些田螺煮着吃。到了晚上，穷书生一边观赏着美轮美奂的圆月，一边品味着田螺的鲜美。后来，穷书生中了举人，他的才华远近闻名，"中秋吃田螺"也就因

普通话音频

粤语音频

此流传了下来，寓意了人们对于学业、仕途的美好期盼。

　　而在粤语里面，还有"三只手指揸田螺——十拿九稳"的歇后语，说的是吃田螺的时候，一般用两个手指就能拿起，如果用到三个手指头，那就非常有把握，"实食冇黐牙"。

广府传统婚庆习俗

中国各地的婚庆习俗，基本上都源自传统的三书六礼等礼节，但同时也有很多各自的特色，例如广府地区的婚庆习俗就包括了择吉日、过大礼、落栊、安床、开脸、上头、回门等多个环节，时长可以达到几个月之久。

男女双方选定吉日后，男方就会带上聘礼前去女方家提亲，即"过大礼"。在这一阶段，需要注意的是聘礼要成双数，这寓意着好事成双、婚后幸福美满。

之后就是女方的兄弟将嫁妆抬到男方家中，即"落栊"。嫁妆一般包含了百合、莲子、红枣等，寓意着早生贵子、百年好合。

完成"落栊"后，就要进入"安床"的环节。当地的"好命婆"会在准备好的新床上撒红枣、花生等干果，寓意早生贵子。

普通话音频

粤语音频

在完成这些准备工作后，女方就要开始"整理"自己的形象。首先，女方要除去脸上、脖子上的一些汗毛，俗称"开脸"。之后，再将辫子梳成发髻，俗称"上头"。完成"上头"后，男女双方各剪一缕头发放入红包中，代表二人将要成为"结发夫妻"。

婚礼当天，男方按照习俗进行迎亲，之后新郎新娘一同完成婚礼的仪式。最后，新娘回到自己的娘家看望父母、兄弟姐妹，也就是"回门"。

2020年2月，广府传统婚礼习俗被列入广州市越秀区第七批非物质文化遗产代表性项目名单。想要深入了解的朋友们，可以前往位于广州市越秀的广府传统婚俗文化馆参观。

在粤港澳大湾区，客家人是比较传统的一个族群，受传统思想影响，婚庆习俗十分讲究，通常要做足传统的"六礼"，即请媒人、相亲家、下聘礼、备嫁妆、迎亲、回门。

首先，男女双方必须要有媒人牵线才能成为夫妻，这是一道必须走的流程。通常，是由家长请媒人上门说媒，双方都同意这门婚事后，再进行接下来的五"礼"。

媒人按照男女双方的家庭地位、财富进行配对，在彼此条件相配的情况下，再为未婚男女说媒，这就是"相亲家"。

男女双方父母满意，庚帖相配的话，男方就要开始准备"下聘礼"。由男方请来女方家里人，共同商议聘礼的具体数目。双方意见达成一致后，会在一张红纸上一一列出礼金、礼物以及

普通话音频

粤语音频

婚宴的时间、宴请人数。在男方确定聘礼后，女方就要开始"备嫁妆"，一般嫁妆包括家具、衣服、金银首饰等。在迎娶的前几天，男方就会按照红纸上的要求，将礼单和聘礼一并送往女方家。

到了迎亲那天，迎亲队伍会挑着一公一母两只"带路鸡"以及米酒前往女方家。之后再按照习俗举办婚礼。

而在结婚后，新人会一同前往新娘的娘家，俗称"回门"。在经历了这六个复杂的环节之后，这场新婚仪式才算最终完成。

惠州清明习俗

惠州，位于粤港澳大湾区东岸，是珠江三角洲中心城市之一。作为客家族群聚居的城市，惠州有着悠久的历史，它在隋唐就已经是"粤东重镇"，一直是东江流域政治、经济、军事、文化中心，如今更是成为国家历史文化名城。

因为发展历史悠久，惠州也有非常多地方传统节日习俗。例如清明节，惠州人除了会进行踏青、祭祀、扫墓等活动，还要在清明这天到郊外采摘新鲜的艾草叶子，捣烂后拧出汁水加到米粉里，搅拌均匀后做成或咸或甜的艾粄，蒸熟之后会与自己的亲朋好友分享。

据说因为艾草有祛湿气、健脾胃的功效，所以客家人有"清明前后吃艾粄，一年四季不生病"的说法，这也体现了惠州人对艾粄的喜爱。

普通话音频

粤语音频

不仅如此，惠州人还会在清明前后制作一种礼仪专用食品——敛糕，并在上面盖上红花印来祭祀先祖，表示对先人的敬重。

在清明时节，潮汕地区的人除了与其他地区的人一样，会祭祀先人怀念祖先之外，还有一些独特的风俗习惯，其中包括吃朴籽粿。

朴籽粿，又称为朴枳粿，是把朴枳嫩叶捣汁和入米粉后做成的粿。在潮汕地区有"清明食叶，端午吃药"的说法，所谓"食叶"，就是指朴枳树叶。蒸熟的朴籽粿不但芳香松软、色泽青翠，而且朴枳叶还有消风祛邪、消食去积和健胃的功效。

关于清明吃朴籽粿的传统，在当地有这样的传说。相传在明末清初时期，清军南下入侵广东，潮州作为必争之地，被清军、平南王、台湾郑氏几股势力反复争夺，兵连祸结，民不聊生。当地不少人为了逃避兵灾，只好跑到深山老林，采摘朴枳叶和果实充饥，以渡过难关。后来当地

普通话音频

粤语音频

人为了纪念祖先的艰辛，便在清明时节用朴枳树叶和果实以及大米，加入酵母、糖做成朴籽粿拜祭祖先。

　　这个习俗沿袭下来，就形成了潮汕地区清明吃朴籽粿的习俗。

湾区有段古系列丛书：湾区风俗知多啲

新会鲤鱼灯

元宵节是中国的传统佳节，很多地方都会有热闹的元宵灯会，赏灯、猜灯谜也是欢度元宵的必备项目。

而在广东新会，有一种极具特色的民间工艺，正是诞生于元宵灯会，这就是有近400年历史的"新会鲤鱼灯"。

新会的鲤鱼灯制作精美，工艺精良，制作时先用竹片扎成圆圈，再将这些竹圈连扎做成鱼的各个部位，继而贴上红纸或布，用金粉印上鱼鳞，最后在鱼脊上开口用来放置蜡烛和点火，即可完成。到了元宵节，新会的街头巷尾、家家户户门前都会悬挂鲤鱼灯，气氛十分热烈。

据说新会鲤鱼灯的习俗，与当地人喜欢吃鲤鱼的习惯有关，当地还有"食咗海鲤，唔使冚被"（不用盖被子）的说法。

普通话音频

粤语音频

不过在20世纪五六十年代，新会鲤鱼灯一度几乎消失，再次兴起则是得益于著名艺术家黄永玉先生。

黄永玉是新会女婿，早年对于新会鲤鱼灯印象十分深刻，于是创作了一幅《新会鱼灯》的作品，并接受过中央电视台的专题采访。他在采访里说："我一辈子见过很多灯，但新会的鱼灯是最漂亮的……透明的灯放出红色的光，足有两三里路长，使人们犹如置身水里，多么美好的情景啊，这在全国其他地方是从来没有见过的。"

黄永玉的作品和访谈引起了新会各界人士的关注，从而使这一传统逐渐重新兴起，成为当地春节期间的一项盛事。

三月三，鸡矢藤

　　农历三月三日，又称为"上巳节"，是中国多个民族的传统节日。传说这一天是轩辕黄帝的生日，有"二月二，龙抬头；三月三，轩辕生"的说法。

　　而在广东五邑地区，对于这个传统节日有一个特别的庆祝方式，就是吃鸡矢藤饼，有"三月三，鸡矢藤"的说法。

　　鸡矢藤，因为其鲜叶磨烂或揉碎之后，会散发出犹如鸡屎的臭味，所以又被称为"鸡屎藤"。这种植物有消食解暑的功效，所以民间又称其为"解暑藤"。用其叶子做成的鸡矢藤饼，甘凉可口，清热解毒，别具一番风味，当地人在三月三的时候往往会用鸡矢藤饼作为拜祭的供品之一。

　　而鸡矢藤饼成为拜祭的供品，据说是源自

普通话音频

粤语音频

　　早年有位当地人上山采药时，走到半路一不小心失足跌下山崖。他本来以为这次一定没命，谁知掉到一半，却被长满了山间的鸡矢藤绕住，捡回了一条命。好不容易逃出生天之后，这位当地人就用鸡矢藤的叶子做成饼，用来拜谢神恩。

　　后来，他的后人继承了这个做法，用鸡矢藤饼来拜祭先人，这个习俗流传了下来，就形成了现在当地用鸡矢藤饼来庆祝三月三日的做法。

烧黄纸斩鸡头

在香港的影视剧里，有时会听到一个说法："他是我烧黄纸斩鸡头的兄弟"。那么这个"烧黄纸斩鸡头"究竟是指什么呢？

原来，所谓"烧黄纸""斩鸡头"，是香港地区早年一个民间发毒誓的形式。据说在以前法治水平很低的时代，地方法庭在处理一些无头公案的时候，因为缺乏有力的证据，但又要给民众一个交代，就会利用民间的愚昧迷信心理，采取这个土洋结合的"斩鸡头，断疑案"的方式，为案件下结论。

在这个仪式中，诉讼双方要跪在神案前，焚香膜拜，并各执一张写有赌咒誓言的黄纸，高声诵读"清心直说，并无虚言"的誓词，然后一刀斩下鸡头，让鸡血洒在黄纸上，再将黄纸焚烧。

普通话音频

粤语音频

据传在20世纪初，就曾有两个商人打官司，双方各执一词，法院苦无确凿证据，最后只好通过"斩鸡头"的方式来决定。于是双方在师爷、律师陪同下去文武庙举行仪式。谁知到了仪式举行之际，原告始终不肯跪下发誓，被告见状自然也不肯发誓，鸡头没有斩成。最后法官根据原告不愿率先下跪发誓，断定原告心虚理亏，判原告败诉。此事轰动一时，"烧黄纸斩鸡头"的仪式也因此流传开来，应用的场合就更多了。

谭公诞

谭公诞，是香港地区的一个传统民俗节日，起源于早年间渔民对于海上守护神——谭公的崇拜。

谭公，相传原名谭峭，是元朝时期广东归善人，幼年时曾在广东惠东地区放牧。据说谭峭在十二岁的时候得道，修成了呼风唤雨、治病救人的神力，能帮渔民预测天气，保障渔民出海平安，于是很受海边渔民的尊崇。

渔民们靠海吃饭，每次的渔获都有很大的偶然性，加上出海又容易遭遇危险，所以最重视天气预测和海上安全，往往特别崇拜能够预测天气的人。妈祖、洪圣大王等神祇，在世的时候都被认为能够预测天气、保护渔民，而这位谭峭也不例外。

谭峭死后，据说还曾多次化身为小童，继续为渔民解决天气和疾病问题，因而被当地渔家奉

普通话音频

粤语音频

　　为保护神，尊奉至今，并设立专门的节日——谭公诞。

　　谭公诞的诞辰是农历四月初八，主要的庆祝活动在香港筲箕湾和跑马地举行，当天人们会通过舞龙舞狮、飘色巡游、烧香礼拜等方式来纪念谭公，也向谭公祈求安康。

车公诞

　　在农历正月初二和初三，很多香港人除了庆祝新春佳节之外，还会到沙田马场附近、被称为香港四大庙宇之一的车公庙里，祭拜祈福。而农历正月初二，正是车公诞。

　　相传，车公是南宋末年一位姓车的大将，因其英勇善战、爱护百姓，被民间供奉牌位祭祀。而修建车公庙的历史，则要追溯到明朝崇祯年间了。据说当时香港新界地区发生瘟疫，许多百姓因病丧生。为了辟邪祈福，沙田区的村民便抬着车公的牌位在区内巡游，不久之后，瘟疫竟然奇迹般消除了。村民认为一定是车公显灵保佑，于是就修建了庙宇来奉祀车公。

　　到车公庙拜祭车公，有一些很特别的仪式，例如打鼓和转风车，就是必做的动作。打

普通话音频

粤语音频

鼓，是为了告知车公自己的到来；而转风车，则是为了转去衰运，迎来好运。

而除了农历正月初二和初三之外，农历三月二十七日、六月六日以及八月十六日，都被认为是车公诞，在这几个日子里面，车公庙的香火也十分鼎盛。

九龙城侯王诞

在香港九龙的九龙城联合道，有一座侯王庙，每年农历六月初六，这里都会迎来一场盛大的民俗活动——九龙城侯王诞。人们聚集在侯王庙舞龙舞狮，表演粤剧、武术，展示精巧的手工艺品，是当地一场重要又热闹的文化活动。

这一座九龙城侯王庙，相传是为了纪念南宋忠臣杨亮节而修建的。杨亮节生前曾被封侯，死后因其忠勇而被追封为王，所以这座庙被称为"侯王庙"，他的诞辰则被称为"侯王诞"。

当年南宋被元军所败，宋帝一路南逃，来到香港大屿山一带。面对元军步步紧逼，杨亮节一直守护在宋帝身边，指挥军队抵御元军。因为指挥得当，宋军暂时挡住了元军的攻击。可惜不久之后，杨亮节就因为在路途上染上疫病而病倒了。在患病期间，他依然尽忠职守，继续指挥军

普通话音频

粤语音频

队作战，最后病死在九龙。

后人为了纪念这位爱国的英雄人物，就在当地修建庙宇纪念他，并将农历六月初六定为侯王诞，举办庆典进行祭祀。

这座侯王庙，现在被香港古物古迹办事处评定为香港一级历史建筑物，而侯王诞，也成为当地一项民俗活动。

抢包山

在香港动画片《麦兜的故事》里，主角麦兜对于香港长洲岛一项具有传统特色的民间竞技活动十分热衷，还曾经苦练了一番。这项竞技活动，就是著名的"抢包山"。

所谓抢包山，是香港长洲岛举办的太平清醮祭典上一项非常重要的活动。

据说在18世纪初，长洲岛曾发生严重的瘟疫，疫病过后，当地人一来为了感谢神灵，二来也为了纪念瘟疫中去世的居民，便打扮成神祇在大街上游行，举办祭祀活动，称为太平清醮。这个活动后来每年都会举办，成为了当地一项极具特色的民间活动，还吸引了不少游客前去参观。

而在太平清醮中，抢包山可谓是最重要，也是最受欢迎的活动。其形式是在北帝庙前用蒸包砌成三座包山，当地居民则争相爬上包山抢

普通话音频

粤语音频

夺，抢得的包子越多，则被认为福气越大，所以争抢十分激烈，有时甚至造成冲突。

1978年的抢包山活动中，一座包山倒塌造成二十多人受伤，导致香港政府禁止了这项活动，改以派包代替。但后来长洲的居民多次申请重新恢复这个传统活动，终于在2005年让这项极受欢迎的活动得以重现。不过，在包山的建造、蒸包的用料、参赛者的要求等方面都有了新的要求和做法，以确保参与者的安全。

湾区有段古系列丛书：湾区风俗知多啲

五通诞

　　在香港筲箕湾东大街与金华街交界处，有一座被评为香港三级历史建筑的城隍庙。这座城隍庙原名"福德祠"，始建于清朝光绪年间，里面除了与其他地方的城隍庙一样供奉城隍之外，还供奉了一位很特别的神祇——十王五通神。

　　关于五通神的来历，民间有很多不同的说法，有的认为五通神是掌管财富的神祇，可以使人暴富脱贫；也有人认为五通神是中国民间鬼神的通称；还有说法则认为五通神是古代五兄弟修炼而成的邪神。

　　关于五通神，还有一个这样的故事。传说五通神是一位济困扶危的天神，经常帮助穷苦人家。一日，他来到一个村庄，看到村口有一个老妇与一个小孩，饿得瘦骨嶙峋，小孩不停地哭闹。五通神上前询问，才知道小孩的父母被当地财主逼死，剩下他们两婆孙没钱吃饭，村里的人虽然可怜他们，但自己也穷困不堪，帮不上什么

普通话音频

粤语音频

忙，所以他们只能坐在村口行乞，希望路过的好心人可以施舍他们一下。

五通神听完，在怀里拿出两个麦饼对孩子说："这两个麦饼是我带在路上吃的，现在就给你先吃。你回家之后，保证天天有饭吃。"

婆婆十分感激，却又将信将疑："好心人，你把自己的麦饼给我们吃，我们很感激。但你说我们回家天天有饭吃，除非五通神光顾，否则哪里有可能？"

五通神也不多言，就此离去。而婆孙俩回到家中，还没进门，就闻到阵阵的饭香。进去打开锅盖一看，果然见到一锅香喷喷的米饭，香得连邻居都过来看个究竟。老婆婆将路遇好心人的事告诉大家，邻居们纷纷说："那一定就是五通神了！"婆孙两人这才恍然大悟，朝五通神离去的方向拜谢，然后与村民一起分享米饭。说来也神奇，锅里的饭眼看吃完，只要用锅铲铲几下，就会再次冒出米饭，直到大家吃饱为止。

香港筲箕湾的这座城隍庙，在每年农历五月初五会举办五通诞，众多善信都会前来参拜。

生菜会

生菜会源于明末清初，是流行于广州及附近地区的民间风俗集会，至今已有三百多年历史。原本于每年农历正月二十四至二十七举行，但因为正月二十六是观音开库日，最为热闹，所以后来就在这一日举办生菜会。

生菜会的形式很丰富，除了在观音庙祭拜祈福之外，还有听曲看戏、摸螺求子、吃生菜包等活动。所谓"生菜会"，正是取生菜与"生财"谐音，又因生子即生财，因此人们会通过吃生菜包和其他生菜菜式，祈求丁财两旺，多财多子。

生菜包的做法颇为讲究，要包含生菜、粉丝、酸菜、蚬肉、韭菜等食材，其中生菜代表生财，粉丝象征长寿，酸菜代表子孙，蚬肉则寓意显贵，韭菜表示长久，十分讲究意头。

普通话音频

粤语音频

在清末民初时期，生菜会在顺德、南海等地区盛极一时，有"正月生菜会，五月龙母诞"的说法。而到了20世纪80年代，地方上对生菜会进行改革，更强调同乡之间的联谊交流，参与的民众和海外侨胞也越来越多。

二月二土地诞

　　农历二月初二，是民间传说土地公的诞辰，也被称为土地诞、祭社、做众、做牙等。土地神是中国民间传统上普遍崇拜的神明之一，在各地都广受推崇，被认为可以保佑民众出入平安、幸福安康。而庆祝土地诞，则属南方地区尤其是广东、福建等地区较为隆重，粤港澳大湾区很多地方都有庆祝土地诞的做法。

　　传说，土地公原名张福德，周朝人，出生于农历二月初二。他自小聪明过人，在三十六岁那年被朝廷任命为总税官。其为官清正、爱护百姓，因此在任期间很受百姓爱戴。到周穆王时，张德福去世，享年102岁，据说去世三天之后容貌依然不变，有如活人，百姓纷纷议论张福德必定是修道成仙了。

　　而在张福德死后，接替他的税官魏超则爱

普通话音频

粤语音频

财如命、横征暴敛，导致百姓怨声载道。大家对比起当年张福德的清廉，不禁十分怀念，有一户贫苦人家更在家中供奉张福德的雕像。谁知过了不久，这一户人居然发财致富，大家都认为是得到张福德保佑，于是百姓集资为张福德建庙并塑造金身进行祭拜，尊其为"福德正神"，这就是后来的土地公了。

鲁班先师诞

鲁班，春秋时期鲁国人，是中国历史上著名的能工巧匠，被誉为木匠和土木建筑的鼻祖，更被相关行业的后人尊为工匠的保护神。

正因为后世同行都尊奉鲁班为祖师爷，所以在鲁班的诞辰农历六月十三日，就有了一个"鲁班先师诞"，纪念鲁班为行业作出的贡献。

鲁班先师诞，在行业内又称为"师傅诞"，因为在古代这些手工行业的从业者地位不高，生计艰难，所以特别希望得到神明保佑，于是鲁班这位工匠的鼻祖，就成为了后世同行拜祭的对象，向他祈求佑护。

关于鲁班的传说有很多，据说很多木工行业的工具，例如钻、刨、锯、曲尺、墨斗等，都是鲁班发明的。其中，以锯的发明最为人津津乐道。相传鲁班有一次到深山砍伐树木，不小心滑

普通话音频

粤语音频

倒，手被一种野草的叶子割破了。鲁班惊奇于叶子的破坏力，摘下树叶一看，只见叶子边上长有锋利的锯齿。鲁班从这些叶子上得到启发，经过反复试验，终于发明了锯子，大大提高了工作的效率。

而关于鲁班先师诞，除了祭祀活动之外，还有一个重要的传统项目——吃师傅饭。这个师傅饭是用一口大铁锅煮成的米饭，上面再撒上粉丝等食物，据说吃过"师傅饭"，日后便能像鲁班一样心灵手巧了。

鲁班先师诞如今在不少地方都依然有举办，尤其是香港、澳门地区，每年在行业内部都有相当隆重的仪式，而"鲁班传说"，也被列入国家级非物质文化遗产代表性项目名录。

小榄菊花宴

　　广东中山的小榄镇，素有"菊城"之称，向来以盛产菊花、喜爱菊花著称，定期举办的"菊花会"，更是当地的一项盛事。

　　根据传统的说法，小榄"菊城"的称号，源自南宋珠玑巷人的南迁。当时部分珠玑巷人为了避祸来到广东地区，其中有一支来到小榄镇，发现此处遍地开满菊花，美不胜收，于是决定在此建村定居。而对于菊花的喜爱，也自此流传了下来。

　　不过小榄"菊城"的称号被传得远近皆知，则是得益于1959年的一次菊花展览会。当时小榄镇举办首届菊展，除了传统的菊花展览之外，主办方还首次用菊花砌成了一件宽10米、高7米的巨型壁画"和平鸽"，而珠江电影制片厂还专门制作了一部名为《菊花》的纪录片，新闻媒体

普通话音频

粤语音频

也对此盛况争相报道。自此之后，小榄"菊城"的美称便传遍天下，家喻户晓了。

而小榄菊花宴，则是当地以菊花为原料、以一系列菜肴组成的美食，无论是菊花会还是平日宴请宾客，只要是在菊花盛开的时节，都有吃菊花宴的风俗。菊花宴的菜式丰富，包括三蛇菊花羹、菊花炸鱼球、菊花鱼片、菊花鸡、菊花焖猪肉、菊花炒牛肉等。

然而，现在有些食肆为了节省成本，仅仅以菊花花瓣作为装饰或伴碟，则是偷工减料之作，不能称为真正的菊花宴。

春节摆年桔

春节是广府地区最隆重的传统节日之一，广府人俗称为"过年"。从农历腊月廿三日的小年夜开始，人们便进入了年关大忙，需要准备的仪式和物品颇多，而摆年桔便是其中必不可少的环节。

在粤语中，"橘""桔"与"吉"是同音字，又与民间吉利的口彩相吻合，历来是礼仪仪式上的"贡品"。尤其是一年之始，几乎家家都会摆上各种年桔，寄寓新年大吉大利、吉祥如意。

关于广府人爱柑橘的记载有很多，据说在罗浮山上有许多橘子树，当地有一个"请橘下山"的美丽传说，在民间代代相传。传说在宋朝时期，有一位住在山脚下的农夫，他上山砍柴时偶然间尝到野橘，觉得非常可口，便决定将野橘带

普通话音频

粤语音频

下山。他在自家地里栽培成功后，便将柑橘种植技术逐渐推广。此后，广府民间就开始栽培专供贺年的年桔，到了明清时期，柑橘业已发展到商品生产阶段。

据说，英国王妃戴安娜在世时，曾有一位香港富商送给她一盆挂果量高达395颗的柑橘。她爱不释手，多次对亲友说："这是来自中国的幸运果。"

柑橘在芳村、番禺、南海等地均有种植，特别是顺德陈村最多，在广阔的田野上，可谓"处处花似锦，户户溢芬芳"。而在春节期间，家家户户都必备一盆年桔，成为广府地区新年的一道独特风景。

春节插桃花

　　春节插桃花，是粤港澳地区的一大传统习俗，春节期间家里若没有一棵桃花，就没有了过年的气氛。

　　春天正是广东地区桃花盛开的时候，而插桃花不仅寓意着"花开富贵""大展宏图"，它在青年人眼中还有祈望"行桃花运"找到有情人的寓意。而要知道桃花寓意爱情的由来，就不得不提崔护与绛娘的爱情故事了。

　　崔护是一位唐朝的诗人，相传，他赴京城长安应试进士未中，心中郁闷，便独自一人来到长安城南郊游踏青。野外春光烂漫，蜂飞蝶舞，令崔护一扫心中苦闷。逛了许久，崔护觉得口渴，便来到一户人家求些水喝。敲开大门，只见一位妙龄女子独自一人在院内桃树下，桃花盛开，映衬女子，娇艳妩媚，光彩照人。崔护仿佛置身于仙境之中，分不清是桃花映人面还是人面映桃

普通话音频

粤语音频

花，只看得心如鹿撞，恍恍惚惚。而那女子见崔护年少英俊，也不禁眉目传情，两人相谈甚欢。

转眼一年过后，又是清明时节，崔护再度进京求取功名。因思念之情难以抑制，他又专程来到了长安城南。依然是桃红柳绿，莺歌燕舞，可惜物是人非，人家虽在，门却锁上了，久久没有反应，女子更是不知去向，只留一树桃花，仿佛去年那位姑娘的俊俏脸蛋。

崔护大感遗憾，感慨之余才思泉涌，在墙上提笔写下了《题都城南庄》，表达了对女子的思念之情，其中"人面不知何处去，桃花依旧笑春风"更是传诵千古。

时至今日，桃花依然是传统家庭春节插花的首选，是广东地区家家户户作为装点门庭的花卉，正所谓"一树桃花满庭春"，寓意着来年的好彩头。

饮早茶

　　说到喝茶，全国各地的朋友都会觉得仅仅是用茶叶冲茶喝，而广府地区的人们说起"去饮茶"，其实是去大吃一顿。

　　广府人向来有饮早茶的习惯，有的是作为早餐，有的则作为消闲，到了节假日更是一家老少围坐一桌，共享天伦，是粤港澳地区人们生活的重要组成部分。而所谓"饮茶"，其实除了喝茶之外，还包括了各式各样的广式点心，例如虾饺、烧卖、肠粉、生滚粥……十分丰富，远不仅仅是喝茶而已。

　　而广府地区的人喜欢饮茶，据说与南越国的开国之君赵佗有关。传说，当年赵佗率大臣在江边楼阁品茗，见江上波光潋滟，心旷神怡，得意之际心花怒放，抓一把茶叶就撒向江中，茶叶忽然化作无数仙鹤翩翩起舞，一会儿仙鹤又化成仪态轻盈的仙女降落楼中，向赵佗君臣献茶。

普通话音频

粤语音频

而关于饮茶的礼仪，也有一个故事。相传，清朝乾隆皇帝到广州微服出游时，就曾与贴身侍卫上过茶楼饮早茶。饮茶时，乾隆给侍卫斟茶，按朝中规矩，这属皇帝赏赐，要跪在地上叩头谢恩，三呼万岁。但如今皇上微服出巡，不能暴露乾隆的身份。侍卫急中生智，连忙屈起右手食指和中指，在茶盅边的桌面上"笃笃笃"连敲几下，表示叩头谢恩。于是，这种叩手茶礼便流行开来。

番禺荷花节

荷花，在中国传统文化里代表着"出淤泥而不染"的君子形象，向来深受人们喜爱。在荷花盛开的季节，全国各地都会举办与荷花相关的文化活动，如赏荷花、吃莲子以及各种庆典活动。

而在粤港澳大湾区，比较著名的荷花文化活动，当数广州番禺的荷花节。

番禺荷花节，又称莲花节，一般在每年六月份到八月份举办，活动形式十分丰富。除了展出各种新老品种的荷花之外，还会有文艺汇演、摄影、莲花宴等活动。又因为番禺的著名旅游区莲花山与荷花有着天然的联系，更是吸引了不少人在荷花节来到莲花山一带游玩。

关于荷花，还有一个美丽的传说。相传，荷花本是王母娘娘身边的一个美貌侍女——玉姬。当初看见人间双双对对，男耕女织，十分羡慕，因此动了凡心，在河神女儿的陪伴下偷偷离开天

普通话音频

粤语音频

宫，来到杭州的西子湖畔。西湖秀丽的风光使玉姬流连忘返，她忘情地在湖中嬉戏，直到天亮也舍不得离开。王母娘娘知道后十分愤怒，用莲花宝座将玉姬打入湖中，将她"打入淤泥，永世不得再登南天"。从此之后，天宫中便少了一位美貌的侍女，而人间则多了一种玉肌水灵的花。

老火靓汤

　　在粤港澳地区，尤其是广府人聚居之地，几乎家家户户都对"汤水"有着不同寻常的执着。只要条件许可，每顿饭前都要喝一碗汤；出门工作学习，妈妈会让你用保温壶带一碗汤；亲朋好友身体不适，去探病时表达心意最佳的方式，也是带去一煲老火靓汤。

　　老火靓汤，是广府菜里不可或缺的一道，也可以说是广府人生活之中不可或缺的一部分，成为了地方文化的一部分。广府地区的人们常说："宁可食无菜，不可饭无汤"，可见喝汤在广府人心中的重要性。

　　有些人以为，老火靓汤是滋补养生的秘方，但其实作为食疗，老火靓汤不同的食材、做法，有着不同的功效。有清热祛湿的，有清肝明目的，也有温补养生的。不同季节、不同时令都有不同的喝法，绝不能一概而论。

普通话音频

粤语音频

据说源于岭南地区湿热多瘴气的气候环境，长期在这里生活的人们为了保障身体健康，需要长期饮用各种食材、药材煲出的老火汤，以抵御湿热的自然环境。经过长年累月的积累，老火汤和凉茶一样，成为了岭南人生活中必不可少的一部分。

　　再加上广东人向来喜好美食，广东女性传统上就有"要管住男人的心，首先要管住他的胃"的说法，所以能煲出老火靓汤，成为了传统广东女性的必备技能。

打小人

　　"打小人"是一种流行于广东珠江三角洲的民间仪祀，借由驱逐"小人"赶走霉运，祈求顺遂。传统上，打小人在全年不同时间都可以进行，但一般在惊蛰那天，打小人则特别多。

　　根据传统说法，在惊蛰的时候，害虫益虫都出来了，这也意味着身边的小人在此时也会开始出现，所以选在这一天"打小人"，就尤为及时。

　　而关于打小人，还有一个有趣的故事。传说在广东某地，惊蛰时分不但唤醒冬眠中的蛇虫鼠蚁，也会惊醒山中的老虎，老虎下山之后会袭击人类。当地人便在屋前摆放猪肉，让老虎经过时有肉可吃，就不会伤害人畜。

　　直到有一年，当地出了一位姓余的村长，他有个伯父为人很自私，经常在半夜假扮白虎，出来把家家户户的猪肉都偷了，然后第二天拿到市场上卖。有一年惊蛰，突然真来了一群老虎，它

普通话音频

粤语音频

们在村里找不到猪肉，于是吃光了村里的所有牲畜。

　　第二天，余村长的伯父仍然装作不知道，继续在市场里卖猪肉，那时候村民才知道，是他把大家的猪肉偷了来卖。愤怒的村民拿着锄头说要打这个"伯父"，不过由于伯父是村长的亲戚，最后还是被村长护住了。大家有气没处发，又因为"伯父"与"白虎"谐音，于是村民就把"伯父"改叫"白虎"，把锄头改为草鞋拍打"白虎"来发泄不满情绪。久而久之，渐渐就演变成了不顺心者拍打对头人和驱赶霉运的习惯，即"打小人"的前身。

　　在港澳地区，帮大家打小人的都是些阿婆阿婶，她们在打小人时会咬牙切齿大声诅咒："打你个小人头，打到你眼泪流；打你对小人手，打到你有嘢唔识偷；打你对小人脚，打到你有鞋唔识着。"有意思的是，2009年"打小人"习俗还登上了美国《时代杂志》，成为"2009年亚洲最佳事物"，认为它是安慰心灵的最好事物之一。

补天穿

　　"补天穿"，是广东客家地区的一个传统民俗节日，农历正月二十日，客家人称之为"天穿日"，客家民间有这样一种说法，过了"天穿"才算过完新年，所以对这一天十分重视。为了庆祝"天穿日"，客家人有"补天穿"煎饼、天穿射箭、甜粄扎针等主要习俗，用来纪念这一传承已久的农历节日。

　　在最早的时候，天穿节的节俗内容以摸石、度桥等步骤进行，"摸石"的做法源于女娲补天的传说，在天穿节当日民众会到河里寻找补天的"炼石"，再拿着石头从桥上走过，象征着女娲补天。不过到了宋代，这个民俗开始演变为"摸石道"，且民俗寓意也不再是"补天"，而是"宜男"。宋代因为长期与辽、西夏、金、元对峙，边关地区常年征战不断，因此整个社会由上到下，对男丁的需求都特别强烈，于是这个节日

普通话音频

粤语音频

的寓意就从"补天漏"演变为"宜男添丁"。

在"天穿日"这一天，客家人会买上几根带头带叶子的大蒜，挂在门上。一大早，家里的妇女、老人就会起来煎甜粄，甜粄煎好后，家里人都不能吃，而是拿到房屋里有墙缝、钉眼的地方抹上一点甜粄。

除了煎甜粄"补天穿"外，客家地区的农村还有在甜粄或者煎丸上插针线的做法，这也是"补天穿"祈求新的一年美美满满、风调雨顺的寓意。

现在客家人虽然已经不在煎丸、甜粄上插针线，但"天穿日"吃甜粄、煎丸的习俗尚存，寄托着客家人对新年的美好愿望。

疍家婚庆建筑习俗

因粤港澳地区临近海边，有众多河流，所以历来都有水上人家，又被称为疍家。他们都生活在船上，很多习俗都与居住在陆地上的农家不同，例如婚嫁、建筑等，都有很多独特的习俗。

既然是水上人家，那疍家人必然与"水"有着密不可分的关系。在过去，疍家人是不与岸上的人通婚的，一来岸上的女子会晕船不习惯，二来疍家的女子也不会种田。疍家人在结婚时，连婚礼也是在船上举行的。

在出嫁前，家人会给女儿送六尺衫布作为嫁妆，而在婚礼上，亲朋好友会给新人赠送布匹，用于制作疍家衣，新娘子更是会特地挑选红色的棉布制作疍家衣，以此充当新婚礼服。女方穿着红色的婚衫和配有花边的裙子，而男方则是高领纽扣上衣配黑色长裤，特色十足。

普通话音频

粤语音频

　　疍家人结婚还要"大请客"，少则一两天，多则十几天，其中在宴席上，特大碗的"香芋扣肉"是必不可少的一道菜，还得由家中女长者亲手炮制。虽然疍民子女结婚遵循父母亲之命、媒妁之言，但也不乏浪漫的色彩，有着独特的魅力。而疍家在建筑上，也有着与陆上居民截然不同的特点。过去，他们认为在陆地上用砖块建造房子是不吉利、得罪祖先的一种做法，因此他们都随船而居，随遇而安。不过也有一些疍民会在海岸边搭建起疍家棚，但里面没有桌子和椅子，他们待客、用餐、坐卧等等都在棚楼板上进行。为了保佑平安，他们还会把旧船板藏在新建的建筑地下，这样就仍是"以舟为宅"。

　　随着社会经济的发展与族群的融合，越来越多的疍家人也"登陆"，在岸上生活，不过他们依然保留着不少传统的习俗和生活习惯。

湾区有段古系列丛书：湾区风俗知多啲

惠州伯公诞

　　每年的农历二月初二，是惠州地区的伯公会日，又称为"伯公神诞"，是惠州民间的一个传统节日，当地会举办大型的祭祀活动庆祝。

　　按照民间的说法，所谓伯公，其实是当地信奉的土地神，称为"土地伯公"，据说是指共工的儿子句龙。因为他最早开荒种地，种植五谷，所以被百姓奉为土地神。而所谓伯公诞，是指这一天"伯公开口"，万象更新，生命的循环又再开始，正是祭祖耕作之时。所以民间在这一日祭祀庆祝，然后开始新一年的忙碌。

　　在伯公诞这一天，惠州地区会举行聚会庆祝祭祀，因此称为"伯公会"。伯公会首先要举行祭祀活动，民众轮流上香、添油、添茶酒，祈求伯公保佑国泰民安、风调雨顺、安居乐业。其后便是聚餐饮宴，大肆庆祝，盛况比起新春也毫不

普通话音频

粤语音频

逊色。据说以前举办伯公会的时候，伯公庙的人会将各家各户送来的食品，挨家挨户送上门去，一些贫困的家庭，就可以在伯公诞这一天免费分到包子和肉食。

  "伯公会"的各种习俗一直延续至今，依然有不少地区持续举办，而有的地区还仍然是在农历二月初二"伯公开口"之后，才开始春耕劳作。

湾区有段古系列丛书：湾区风俗知多啲

高要茶果节

　　茶果节，是肇庆高要地区西南边大多数乡村的传统节日，不过每条村的茶果节并无统一日期，大致上集中在每年的春节和中秋前后的日子。这两段时间是以前农民走访亲戚的黄金时节，一来因为是农闲，二来则因为经过半年劳作，有一定的积蓄，可以适当进行消费。

　　据说高要茶果节源自远古时代，传说早年有一位瘟神危害人间，导致每年都发生水灾、旱灾、瘟疫等灾害，百姓深受其害。于是在高要宋隆白土一带，人们为了送走瘟神，祈求来年风调雨顺、五谷丰登，每年春节期间，都会在正月和二月选几个日子举行"行村"或"行社"活动，村民们集资买一条花船，在村前的空地上进行祭祀，家家户户烧香祈福、煮茶果敬奉天神，于是便称为"茶果节"。

普通话音频

粤语音频

　　既然称为茶果节，自然少不了茶和食品。其中食品方面，当地人往往就地取材，利用本地的绿色环保作物自制成各种传统小吃，以应节及互赠亲友。即使你并非当地人，只要与村民间接相识，都会被邀请到茶果节上，享受免费大餐。主人家认为新朋友越多，则来年路子越广，日子越红火。

　　当地有些村落的茶果节甚至比新春过年还要热闹，整个村子家家户户都宴请亲友，如果遇上添丁，则更要多摆几桌，有的家庭会从早忙到晚，而村子里面更是舞龙舞狮，敲锣打鼓，鞭炮齐鸣，热闹非凡。

阳江素有"纸鹞城""中国风筝之乡"的美誉，与山东潍坊被称为中国南北风筝最大的流派。阳江风筝节，于每年农历九月初九的重阳节举行。

阳江风筝的历史十分悠久，早在宋代就有重阳放风筝的习俗。据说当年有一位州官叫王亘，他在当地北山上的一块"仙掌石"上凿了一个"流杯池"，每逢重阳，他就会邀请当地的好友名士，齐聚于石上，一面饮酒欢聚，一面观赏风筝，而附近的百姓也聚集到山间，搭起帐篷观看。久而久之，就成了当地的一大盛事，可以认为这是阳江风筝节的前身。

到了清代，阳江重阳放风筝的活动越来越多人参与，场面蔚为壮观。当时有诗人林葆莹赞曰："浮屠七级北山坳，纸鹞参差万影交。"可

普通话音频

粤语音频

见景况之盛。

　　到了20世纪90年代，阳江建了一个12万平方米、可容纳30万观众的南国风筝竞赛场，从1992年起，每年重阳节都会在南国风筝竞技场举办群众性风筝比赛，成为当地的一个民间盛会。阳江"风筝之乡"的名声，也更为大家熟悉和认可。

烧火龙

　　广东梅州地区的丰顺埔寨火龙，是当地一项传统民俗文化活动，以舞火龙的方式祈求出入平安、风调雨顺，至今已有300多年历史。这项传统仪式由"烧烟架""烧禹门""烧火龙"三个项目组成，充满了地方特色。其工艺也十分讲究，是国家级非物质文化遗产。

　　相传在古时候，客家人聚居的南粤莲花山赤岭一带，也就是现在的丰顺埔寨，因为连年旱灾导致百姓生活十分困苦。有一年元宵节，大家忽然见到东边的天空上流光溢彩，飞来一条金黄色的火龙，只见火龙口吐祥云，霎时间红云满天，接着天色渐暗，大雨滂沱，一连下了几天大雨，久旱的田地得以复苏，农作物也渐渐生长起来。而更令大家高兴的是，自此之后，当地年年风调雨顺，五谷丰登，再无干旱之苦。自然而然，人们将此归功于火龙，于是便在每年元宵节组织

普通话音频

粤语音频

"烧火龙"活动，模仿火龙下凡，以祈福消灾。

　　埔寨火龙的仪式分成三部分，其中烧烟架是把安装好的烟架由下往上顺次燃放，取"临火金光迎新岁，瑞雪漫天兆丰年"之意；烧禹门则取材自大禹治水的历史故事，在禹门之下载歌载舞，取"鲤鱼跳龙门"的好兆头；最后才是压轴的烧火龙，这是一个大型的烟花表演，以锣鼓开道，火龙在绕场三圈后点燃烟花，口吐火珠，全身喷火，场面十分壮观。

　　由于火龙飞舞，人群聚集，有时难免有人被烟花烫伤，而当地人则认为这是火龙带来的好运，烫起的泡在当地口音中与钞票的"票"同音，象征来年发大财。

麻车舞火狗

　　麻车火狗，又称为麻车夜色，是增城市石滩镇麻车村的一项大型民间艺术活动，距今已有近600年历史。

　　关于麻车火狗的由来，有这样一段传说。相传在明朝中期，麻车村瘟疫流行，村民们都对此束手无策。这时候，村里来了一位读书人，他教导村民用稻草扎成狗的形状，然后在草狗身上插上香烛。等到晚上，就点燃香烛，或放在大门口熏烟，或用竹竿举着火狗绕着村子的街巷行走。经过这一番祭祀活动，瘟疫便渐渐消散，麻车村的人畜都得保平安。

　　自此之后，麻车村民每年都举办扎草狗、燃香火等驱邪避凶的仪式，后来大家都将这些插着香火的草狗称为"火狗"，而这项活动则被称为"舞火狗"。到了清朝时期，这项活动的规模

普通话音频

粤语音频

越来越大，除了草狗之外，村民们还会用竹篾扎出龙、凤、麒麟、鲤鱼等各种动物的形状，而舞火狗活动的寓意也从驱邪避凶渐渐转变为每年秋收后的庆祝丰收。

在麻车村，舞火狗活动是一项参与度很高的活动，因为规模大，所需的物品众多，所以往往需要提前两三个月就开始准备，村民们有钱出钱、有力出力，十分积极。而当地人将一套火狗道具的数量称为"景"，每舞一晚就要重新准备一套道具，舞完的道具则丢入池塘，不再重复使用。

田了节

　　田了节，是广东多个地区庆祝丰收、举办祭祀的节日，在化州、阳江、东莞、五邑等地区均有举办。但这个节日在各地的风俗各有不同，庆祝的形式和意义都有所区别。

　　在化州地区，田了节一般在六月和十月举办，因为水稻一年两熟，一般都会在收割之后过田了节。在过节当日，化州人会在土地庙前或者禾塘之上搭起禾楼，将田祖公和禾谷夫人像请到楼上进行拜祭。拜祭完毕后，就举办宴会，夜里还有"跳禾楼"对歌活动。

　　在东莞地区，则以农历七月十四日为田了节，除了一般的祭祀活动，还有儿童吹芦管，以祝愿秋天丰收的做法，称为"吹田了"。清朝时广东著名才子屈大均曾有诗云："芦管吹田了，中含祝岁辞。初秋几望日，早稼始收时。"

　　在恩平地区，田了节一般安排在农历六月

普通话音频

粤语音频

过后到七月十四日前这段时间，农村地区一般是在夏收夏种的农忙时节结束之后，而城镇地区则由各户共同商定，所以称为"七月田了节"。过节时，各家各户都宰鸡杀鸭，烧香敬神，加菜过节。

　　除了汉族地区之外，潮汕地区的凤凰山畲族也有过"田了节"的习俗，不过是在农历三月二十九日，这是春天耕种结束，一年中第一个农忙完结之时，当地人会制作"苎叶粿"供奉神明，以求风调雨顺、五谷丰登。

送香船

　　潮汕地区，是保留了众多民间信俗活动的地区之一，每年都有多个民间信俗活动，送香船便是其中一项极具特色的民俗。

　　送香船的日期各地有所不同，有的定在农历正月十六，有的定在农历二月初二，而形式则大致相同，都是由青壮年男子抬着香船在路上巡游，旁观者则向香船投掷石块。巡游过后，抬香船的人就要以最快的速度将香船送到海边或者河边，投入水中，象征着把一乡的不祥事物统统抛入水中送走，含有送瘟神之意，所以香船入水之后，民众都能感到如释重负，身心舒畅。

　　送香船活动在各地都十分热闹，参与的民众也都喜气洋洋，换上了节日盛装。因为民众投掷石块十分密集，又不可能完全精准，所以抬香船的人在巡游时常常被石头砸到，满身伤痕，但他们都以此为荣，毫不介意。

普通话音频

粤语音频

除了这个送香船的核心仪式之外，各乡各村在举办活动时，都会有一些各自的习俗和做法，例如抬着各种神祇的塑像巡游、沿途安排各种敲锣打鼓、化装表演等，场面十分热闹。

拜荔园

　　茂名是广东粤西地区一座有着悠久历史的城市，早在先秦时期就已见城市的雏形。正因为有着如此悠久的历史，自然也延续了许多传统的民俗，例如春分拜荔园，就是其中之一。

　　相传在很久以前，一对新婚夫妇在春分之日从外地赶往茂名探亲，路上他们经过海边，还特地买了一筐鱼虾准备送给茂名的亲朋好友。

　　到了茂名附近，他们又经过一个荔枝园，夫妇两人发现园中几十棵老荔枝树居然没有一株开花，觉得十分奇怪，于是下马一探究竟。谁知下马之后，两人的白马却没有绑好，失控之下把几棵老荔枝树撞断了，而马上的满筐鱼虾也掉到了地上。

　　夫妇两人觉得十分愧疚，于是用鱼虾作为贡品，供奉老荔枝树并且向树参拜，这才离去。没想到十几天后，这几株常年不开花的老树居然开

普通话音频

粤语音频

出了荔枝花，后来结出来的果实也十分饱满香甜。附近的乡亲们听闻此事，纷纷效仿，用鱼虾作为贡品参拜家中的荔枝树，以求荔枝的丰收。久而久之，这个习俗也就被代代相传至今了。

七夕水

在粤港澳地区，居住着不少客家人，虽然经过长年的迁徙，可他们依然保留着自己的语言和文化体系，也留下了不少有趣的习俗，收集农历七月七日这一天的河水就是其中一个，而这样的习俗源于一个有趣的传说。

相传在古时候，有一户人家的孩子生了很严重的皮肤病，看过许多良医都无法根治。无奈之下，孩子的母亲只好每天天还没亮就到山中，取一些冰凉的泉水为孩子擦洗身体，避免病情恶化。

到了七夕这一天，母亲一如往常去往山中，却发现平时取水的泉水旁祥云笼罩，还弥漫着奇异的香味。母亲躲起来一看，只见七个年轻貌美的女子在泉水中洗澡。母亲这才明白，原来天上的仙女是在此处沐浴。等仙女走后，母亲还是照常挑了泉水回家给孩子擦洗身体，没想到第二天

普通话音频

粤语音频

孩子的病就完全好了。邻居们都很惊奇，母亲就将取水时遇到仙女沐浴的事告诉大家。大家一传十、十传百，此事很快就远近皆知，人人都希望能够得到仙女的仙水。

自此之后，客家人每年的七夕都会趁天还没亮去收集七夕水用以储存，以求无病无灾、延年益寿。

雷州石狗

雷州位于广东湛江，是一个有着千年历史的古城，当地人认定狗是可以保护家园、绵延子嗣、祈求风调雨顺的图腾和信仰，于是特别喜欢用巨大的石块雕刻成狗作为图腾，摆放在家中，称为"雷州石狗"。而关于雷州石狗的起源，还有一个有趣的传说。

相传在很久之前，南粤大地还十分荒蛮，特别是雷州城的自然环境更是恶劣，旱涝交替，经常导致百姓颗粒无收。有一次，雷州又遇到大旱，巫师在占卜后推算出是天上的太阳神因贪玩所做的恶作剧，只有天狗才能整治太阳神顽劣的性格，于是他找到了天狗在人间的兄弟地狗，命令人把它绑起来后不断抽打，然后放地狗上天。天狗听说兄弟被打的原因后十分愤怒，对着太阳神狂吠，太阳神这才收起太阳，并请雷公电母为

普通话音频

粤语音频

雷州降下大雨，保证了一年的收成。

后来，雷州百姓感谢天狗地狗兄弟俩的帮助，用石块雕刻出了许多天狗地狗的形象，来纪念他们的功德。自此，当地就有了"雷州石狗"的习俗。

过火海

雷州半岛位于广东省，因古时雷州府得名。雷州常年潮湿，生长了许多茂密的植物。因此在古时候，雷州的居民们需要用火烧掉森林来获取耕地，常年以来就形成了"过火海"的说法。而关于雷州过火海，还有一个温暖的传说。

相传在古时的雷州，有一户人家因为家中只有一位爷爷和他年幼的孙子，所以生计十分艰难，十几年来都一直穷困不堪。孙子长大后，长成一个孝顺的年轻人，他不忍心让爷爷继续挨穷，决定开辟荒地，以增加收成。于是他找到了家附近的一片森林放火烧山，希望得到可以耕种的土地。

没想到此举惹恼了山神，山神要求他穿过点燃的森林，只有可以活着走出来才能获得土地。本来山神以为能够吓退年轻人，没想到他竟然面无惧色地走进火海之中，并成功穿越森林，奇迹

普通话音频

粤语音频

般地活了下来。山神感叹他的勇敢和能力，于是将山上的这片土地送给他，并保佑这片土地常年丰收。自此，孩子辛勤耕作，爷孙两人的生活也就变得越来越好。

现在，雷州人民再也不需要过火海来获得土地，但"过火海"这个习俗却保存下来，一直传承至今。每年元宵之夜，当地人都会举办祭祀仪式，赤脚踩过火场，祈求一年平安。

跳禾楼

　　跳禾楼，是一种古老的民间山歌演唱表演形式，主要流传于粤西、五邑地区，是农家举办庆典祝愿丰收的仪式。

　　所谓"禾楼"，是指以稻草堆扎而成的牌楼，而"跳禾楼"，则是在牌楼前载歌载舞。虽然各地跳禾楼的时间不尽相同，但一般来说都集中在农历六月和十月，两造农忙结束之后。

　　跳禾楼的习俗，据传起源于明末清初的化州地区。相传当年歌仙刘三妹云游到此地，发现当地的庄稼遭受严重的虫害，于是唱起山歌，驱除害虫。当地有位青年叫做牛哥，他见刘三妹唱的山歌悠扬动听，情不自禁也跟着一起唱起来。日子一长，两人的山歌越唱越默契，而感情也日渐深厚。当地人发现他们的山歌不但能驱除害虫，还能够催生庄稼，令当地

普通话音频

粤语音频

农田大获丰收。

　　后来村民为了纪念他们，便在每年农忙之后，择日在晒谷场搭起禾楼，唱禾楼歌，跳禾楼舞，以祈求风调雨顺，五谷丰登。

　　也许是因为这个传说，在跳禾楼的时候，通常都会安排两位歌手，男的称为"宿佬"，女的称为"禾娘"，不过禾娘往往是男扮女装。表演时由禾娘先上场唱"大话歌"，然后由宿佬登台与台下观众对歌，称为"驳歌仔"。因为如果驳歌仔输了，要被罚补一台演出，所以宿佬必须抖擞精神，迎战四方挑战，场面十分紧张又热闹。

湾区有段古系列丛书：湾区风俗知多啲

斗门耍仙鹤

斗门镇，位于珠海市，其历史可以追溯到南宋时期。虽然地处南端，但因为历史悠久，斗门的许多习俗都与南粤大多数地方相近。例如和广东佛山一样，斗门舞狮十分著名，而除了舞狮之外，每年春节斗门还有耍仙鹤的习俗。

耍仙鹤，又称为耍白鹤，根据传统民俗，每年农历大年初一到大年初七，斗门地区的人们都会舞狮和耍仙鹤，以迎接新年。

和舞狮的狮子一样，耍仙鹤的道具也需要提前准备，颇为讲究。通常，每年除夕夜之前人们都会用竹子和白纸等材料扎出一只只活灵活现的仙鹤，到了除夕夜当晚，再由族内德高望重的老者为白鹤点上眼睛开光。

春节的前七天，族内会举办许多活动，耍仙鹤的表演则穿插在各种庆祝活动之中。耍仙鹤时

普通话音频

粤语音频

人们会用鹤舞模仿仙鹤日常动作，无论是吃饭、喝水、行走，还是梳理羽毛都模仿得惟妙惟肖。除此之外，在耍仙鹤时人们还可以自编自唱四字歌曲，娱人娱己。

　　仙鹤一直是多子多福的象征，耍仙鹤的习俗算得上是阖家团圆美好祝愿的一部分，这项充满快乐又带有美好内涵的习俗，也就一直延续至今。

客家偷青

　　客家人作为汉族一个独特的民系，在古代因战争、灾荒等，集体迁移到了闽粤地区，长久在这里定居下来，多年来形成了许多独特的习俗。客家偷青就是其中一种。

　　对于客家人来说，丧礼是十分重要的仪式。每当家中有老人去世的时候，在下葬的前一晚，家族中的人们都会点着火把，到邻居家中去偷取少量的青菜。不同的菜有不同的意义，生菜意味着"生财"，而大蒜则意味着过日子精打细算。而在第二天，被偷青的人虽然不会真的把这件事记在心上，但还是会在口头上责骂，以求帮助举办丧事的人家祛除晦气。而有丧事的人家也会把偷青得来的青菜做成"辞堂丸"吃下，既是为了和家中老人辞别，也是为了讨得一个驱邪祛病的好兆头。"辞堂丸"做好之后，需要先孝敬死

普通话音频

粤语音频

者，然后家人每人一碗，来到棺材旁边哭边吃。吃完之后，还需要写"辞堂文"祭别死者。而"辞堂丸"除了家人之外，还可以分给帮办丧事的人和前来吊唁的亲朋好友。

现在，随着土葬仪式的减少，客家偷青的仪式也越来越少见，不过这项民俗一直被客家人记录着，作为他们重要的记忆之一。

潮汕中秋拜月娘

中秋节，是中国最重要的传统节日，各地都有中秋赏月庆团圆的民俗活动。而除了全国普遍的赏月、吃月饼等习俗之外，各地也有一些独特的习俗，例如潮汕地区就有"拜月娘"的习俗。

所谓"拜月娘"，就是向月亮祭拜，因为月为阴，称为太阴娘，民间称为月娘，所以拜月的仪式就被称为拜月娘。潮汕有"男不祭月，女不祭灶"的俗谚，拜月的主体主要为妇女和小孩，到了中秋节晚上，妇女们就会在院子、阳台设案，摆上月饼、糕点、芋头等食品，当空祭拜月娘。

关于用芋头祭拜的传统，还有这样一段传说。

相传在南宋末年，元军大举南下，在潮州地区有一位叫马发的英雄人物见元军残暴，于是

普通话音频

粤语音频

率领当地民众奋起反抗，据守潮州城对抗元军。最后，因为寡不敌众，潮州城失守，马发指挥军队保护百姓逃生，而他自己则留守到最后，英勇牺牲。百姓们既感念马发的英勇事迹，又愤恨战败之苦，于是取芋头和"胡头"谐音，又形似人头，便将芋头用于祭祀，象征斩下敌人头颅、打败元军之意。

　　潮汕拜月娘的传统代代相传，一直流传至今，祭拜之后一家人品茗赏月，是潮汕地区一个浪漫而悠闲的中秋庆祝仪式。

竖灯杆升彩凤

　　竖灯杆升彩凤，是广东揭东地区独具特色的传统民俗活动，举办之时，家家户户都竖起十多米的毛竹，挂上灯笼、彩凤，到了夜间亮灯之时，便连成一座彩凤彩灯之城，辉煌靓丽，蔚为壮观。

　　相传，这个民俗源自当地江姓村民纪念其先祖南宋爱国名相江万里的活动。

　　南宋末年，元军南侵，南宋右丞相江万里率军在饶州城拼死抵抗，与元军血战。最后，宋军寡不敌众，饶州失守，江万里也被敌人俘虏。

　　鉴于江万里是南宋的丞相，元朝朝廷方面一直向他劝降，以利于稳定统治。但江万里与文天祥一样，都宁死不屈，最后带着家人一起投入止水池，壮烈殉国。而他的后世子孙在宋末战火过后，辗转移居到潮州开元街，继而又隐居在揭阳

普通话音频

粤语音频

龙砂，渐渐在当地开枝散叶。

在古代，有"帝为龙、相为凤、将为虎"的说法，加上江万里生前喜欢画凤，所以自元朝末年开始，当地的江氏后人就用"竖灯杆、升彩凤"的形式，来纪念先祖江万里。这个习俗一直沿袭至今，每逢江氏祭祖之期，当地的几个村落都会竖起灯杆，挂起彩凤。白天彩凤飘飘，铃声悦耳；夜晚彩凤闪烁，汇成灯海，成为当地一道独特的风景线。

盐灶拖神偶

　　在广东省汕头市的盐灶村，有一个非常独特的民间习俗——拖神偶。这个习俗不仅在其他地区没有，甚至连同为潮汕地区的附近州县，都没有这个习俗，可谓独此一家，极具特色。

　　每年农历正月廿一、廿二两天，是当地举办拖神偶的节日，当地人会将神像抬到广场之上，然后一拥而上，奋力将神像从神轿之上拖下来。因为有安排"护神"的男子，所以护神和拖神双方往往争持激烈，你争我夺，十分热烈，最终定要将神像拖下来，把它弄得须脱脸破、手断脚折，再推入池里浸泡，这才算是完成仪式。拖神过后，当地人会令择吉日将神像捞起，重塑金身送入庙里供奉。

　　这个独特的民俗，源于一个有趣的故事。相传早年的时候，当地每年举办游神活动，村民们

普通话音频

粤语音频

　　都会抓阄决定哪一家负责宴请乡亲。有一年，一个贫困的渔民抓阄抓中，需要在游神当日宴请大家，但他家并无余粮，哪有能力宴请？苦无良策之下，眼看着日子渐近，他生气地埋怨神祇不保佑他，夜里跑到庙里将神像捆起来拖到海边，埋入泥沙之中，然后坐船出洋去了。

　　　　不成想此事之后，当地五谷丰登、渔汛大旺，而那位出洋的渔民也在南洋发了财。于是到了第二年即将游神的日子，这位渔民赶回家乡向大家道出真相，大家才将神像捞起，重塑金身供奉起来。自此之后，当地人认为神像喜欢被拖，越拖越旺，所以便有了这个"拖神偶"的习俗，延续至今。

打火醮

　　打火醮，是广东省惠来县十年一祭的盛大庆典，是当地人祭祀神灵，祈求避免火灾的传统仪式，是粤东地区独一无二的民俗，也是惠来民间非物质文化遗产。

　　惠来城打火醮民俗活动由来已久，盛行于清朝和民国时期。在当地，打火醮比其他传统节日都要隆重，民间有句俗语叫"热过打火醮"，用来形容热闹的场面，可见打火醮场面之盛。

　　关于打火醮民俗的形成，与当地的地形特点有关。据《惠来县志》记载，在清代雍正十一年，也就是1733年，江西新建县的举人龚日菊到惠来任知县，他看到县城民居大都是茅房草屋，非常容易发生火灾，而且惠来城地形是背山面海，暴雨过后基本上滴水无存，龚知县认为此地属火，因此倡议乡民们只要逢"丙年"，即火年，就要在惠来县城举行"打火醮"的仪式，旨

普通话音频

粤语音频

在拜祭"火神",以攘除火灾。

　　从此,打火醮习俗延续下来。打火醮固定在丙年的十一月进行,但没有定日,一次可以长达十天。据有关史料记载,早年惠来县城会在寺庙神坛举办打火醮,尤其是在城隍庙前,搭建醮棚,供奉祭品,前五天奉斋果,后五天全猪全羊,香火十分旺盛。而城里的各家商铺也张灯结彩,装上各种装饰品,夜间则亮起各种灯火,比元宵节还要绚丽多彩。

　　2006年,惠来举办中华人民共和国成立以来首次打火醮,吸引了众多海内外亲友、游客以及惠来籍侨胞来观看。

客家年初三送穷鬼

　　客家人是粤港澳大湾区的主要族群之一，有着许多独特的民俗传统。客家人常说"初一初二不洒扫，初三大扫除"，说的正是大年初三大扫除"送穷鬼"的风俗。在客家地区，人们都将正月初三叫做"送穷日"，有"年初三送穷鬼"之说。每逢大年初三，当地人都会将几天积累的垃圾扫走，大喊"送穷鬼，送穷鬼"。然后燃放爆竹，场面颇为热闹。

　　关于这个"送穷鬼"的习俗，背后还有这样一个故事。相传，在古时候有一个叫美娥的客家姑娘，嫁给一个叫贱福的富家子弟，谁知婚后贱福好赌成性，两年就把家产输光了，最后竟把老婆卖掉来还赌债，而贱福自己则沦为乞丐。

　　有一年端午节，贱福讨饭讨到美娥家，美娥见他可怜，不但拿粽子给他吃，还将几十两银子分别塞入粽子之内让他带走。

　　事后贱福拿着粽子准备渡河，他身无分文，

普通话音频

粤语音频

唯有拿粽子给船夫兑换船费。船夫拿了粽子一口咬下去，竟咬出一两银子，于是用十几个铜钱将贱福的粽子都买了下来。结果贱福拿着这十几个铜钱又去赌博，把钱又输光了。

到了这一年的大年三十，贱福又来到美娥家讨饭吃，美娥见他骨瘦如柴，忙问他为何将几十两银都花光了，贱福这才如梦初醒，将卖粽子的事告诉美娥。

美娥气得大骂他"注定做穷鬼"，又见有人来访，就让贱福先躲到柴房。谁知贱福当晚饥寒交迫竟然死了，美娥第二天发现了尸体，不敢声张，堆上柴草将尸体焚化，然后在年初三一早，将屋内外的垃圾和贱福的骨灰装到一起，用簸箕送走，又让人在后面烧一大串鞭炮相送。

村里人见此情形，问他们家为何送垃圾烧鞭炮，美娥便敷衍道："送穷鬼，送穷气，这样才吉利嘛。"

事后，美娥一家渐渐发迹致富，村里人都觉得正是因为送走了穷鬼之故，于是人人仿效，自此"年初三送穷鬼"的习俗便流传开来。

湾区有段古系列丛书：湾区风俗知多啲

在广东的茂名地区，农历正月的最后一天是当地一个颇具特色的传统节日——正穷节。所谓"正穷"，取的是"蒸穷"之意，也就是将穷苦病患从人间蒸发掉的意思。在这一天，当地人有饮艾茶、插艾花、吃艾粄的习惯，而关于这个节日，还有一个有趣的传说。

相传古时候在"正穷"这一日，就会有一个袒胸赤膊、满面污垢、双眼发紫的怪物出现，到各家各户讨吃，被大家称为"穷鬼"。这穷鬼食量惊人，令百姓十分困扰。而且它脾气暴躁，一旦有人不慎得罪了它，它便会祭起妖法，令这家人庄稼失收、生意破败，乃至妻离子散、背井离乡。所以每到这一日，大家都把大门紧闭，希望怪物不要闯入。

后来，村里面来了一位道士，这位道士原本

普通话音频

粤语音频

是个厨师，知道村里怪物的情况之后，他苦思冥想，想起师傅曾教过他以艾草驱除瘟疫妖魔的办法，于是便带着村民去采集艾草，将其枝干晒干用于焚烧，叶、芽则洗净后切碎磨成糊，倒入米粉中搅匀，做成一个个圆球状蒸熟，这就是最早的艾粄。

到了正穷这一日，道士教大家将艾草干枝堆在门前焚烧，又将艾粄摆在大门前，如此一来，那只"穷鬼"吃饱之后，就不再滋扰百姓了。

很快，这个办法就流传到附近地区，百姓纷纷仿效，自此就有了"正穷节"的各种传统习俗。

客家捡骨葬习俗

　　客家人是粤港澳大湾区的主要族群之一，因为在族群形成的过程中长期迁徙，因此形成了很多极具特色的习俗。例如在客家地区的山腰之上和田野之中，会有一座座形状独特的坟地，这些坟地与客家一个古老的丧葬习俗——捡骨葬有关。

　　所谓"捡骨葬"，是指在亲人去世之后，先挖一个洞将尸首埋入土中，等到尸体腐烂之后，再将骨头从洞中按照由头到脚的顺序取出、擦干净，再按照由头到脚的顺序放入坛中保存。这种装骨头的坛，客家人称为"金盎"。装好之后，客家人会挑选好日子，另选风水宝地重新埋葬。

　　这个习俗与客家人长期迁徙漂泊的经历有关，虽然四处漂泊，但客家人落叶归根的情怀

普通话音频

粤语音频

依然浓厚，因此他们认为"捡骨葬"是帮助先人的灵魂从地下回到地面，让他们逢年过节的时候能够与亲人相聚。

一般来说，捡骨重新安葬会在第一次安葬之后三到五年进行。为了尊重孝敬祖先的传统，二次安葬时还要为先人置墓碑，设圆坟冢。

随着火葬等新式丧葬仪式的推广，采用捡骨葬的人家已经渐渐少见，但作为源自中原的客家独特丧葬仪式，捡骨葬慎终追远的精神，依然留在客家人民的心中。

麒麟村爬刀梯

麒麟村爬刀梯，是湛江地区的传统民俗活动，又称为"上刀山"，是当地麒麟村年例活动中一个重要的仪式。当地人相信通过这个仪式可以驱邪消灾、保佑一家老小平安。作为一个极具视觉冲击力的传统项目，爬刀梯不但为当地人所喜爱，而且还吸引了无数游客前来观看。

关于麒麟村爬刀梯，还有一个动人的传说。

相传在很久以前，苗山上住着一个无恶不作的妖怪，兴风作浪，滋扰百姓，令当地人苦不堪言。当地有一位叫石巴贵的苗族青年，身强力壮，练得一身好武艺，自告奋勇要为百姓除此大害。

经过一段时间的准备，到了出发之日，村里的百姓手提公鸡，肩扛供桌，簇拥着身带三十六把钢刀的石巴贵来到高山之前。只见石巴贵以钢

普通话音频

粤语音频

刀刀刃往上为横档，钉在一棵参天巨木之上，逐级向上攀登，人们则在下面大声欢呼为他加油打气。最后，石巴贵终于攀上树顶，挥舞降妖鞭，吹响大法螺，树下的人群也点燃鞭炮为他助威。

这个盛大的仪式，终于将妖怪吓得逃之夭夭，再也不敢回来滋扰，百姓从此得以安居乐业。后来，人们为了纪念石巴贵为民除害的精神，便将爬刀梯的仪式世代流传了下来。

沙溪四月八

沙溪四月八，是中山市内迄今为止保存最完整、最能体现农村文化魅力的民间艺术巡游，它起源于明末清初，是当地盛大的民俗活动之一。在这一天，当地人会举行声势浩大的巡游庆典，舞龙舞狮，表演各种节目，场面十分热闹。关于沙溪四月八的来历，有这样一个传说。

相传明末清初的一天，圣狮象角村的村民们在撒网捕鱼时，捞到了一块用木头雕刻的神像，神像的底座上写着"南海广利洪圣龙王"。村民们起初并未十分在意，只是将神像放在村里的庙中就算了。

不久之后，当地突然发生一场大瘟疫，许多村民都受到瘟疫的侵害，苦不堪言。这时，龙王派青蛇送来了栾樨，教导村民们将栾樨捣烂，拌以米粉制饼。染病的村民吃了栾樨饼之后，病

普通话音频

粤语音频

情大为好转，渐渐痊愈。村民们这时想起了"南海广利洪圣龙王"的神像，为了表达对龙王的感激，便自发在村中盖起了大王庙供奉起这尊神像，大王庙终年都香火鼎盛。

如今到了农历四月初八这天，村民们便将木龙、金龙、银龙等在大王庙进行一番拜祭后，为龙进行点睛，接着在大街小巷热闹舞动，家家户户都烧爆竹来迎接舞狮舞龙的巡游队。2009年，"沙溪四月八"入选广东省第三批省级非物质文化遗产代表性项目名录。

曹主娘娘信俗

在清远英德地区，当地人除了拜祭祖先和神佛之外，还祭祀一位古代女英雄——"曹主娘娘"。

曹主娘娘，相传是唐代末年英州麻寨寨主曹福的夫人。她的丈夫在抵抗贼匪的战斗中牺牲，曹夫人便带领丈夫的部下和百姓，一起对抗贼匪，保护家园，因此又被尊称为"寨将夫人"。在她领导之下，当地击退了不少盗贼的滋扰，百姓得以安宁，可惜后来曹夫人在一次战斗中不幸伤重身亡。人们为了纪念她的英勇事迹，便在麻寨山南为她立祠塑像，逢年过节都前来拜祭。

时间一长，曹夫人被当地人奉为地方神祇，尊称为"曹主娘娘"，而历朝历代对她的英勇事迹也均有敕封，例如在宋朝被封为"显佑夫人""正顺夫人"，在清朝被封为"显济夫人"。

普通话音频

粤语音频

在当地的传说和信仰之中，曹主娘娘有不少神奇的传说，她被认为是粤北地区女性的杰出代表，与粤西的冼夫人一样受到当地人的尊崇。当地祭祀曹主娘娘的活动十分盛行，而曹主娘娘也从一个乡村庙神逐渐演变成北江水系中游地区的守护神，英德附近不少地区，如阳山、连州等地，都有祭祀曹主娘娘的信俗。

鹤城花炮会

鹤城镇，位于广东省鹤山市，是鹤山市最多客家人聚居的城镇，也有着许多客家人独特的民间习俗，鹤城花炮会就是其中极具代表性的一项，传承至今已有300多年的历史。

据记载，鹤山地区的客家人主要在清朝年间由粤东、粤北地区迁入，而鹤城镇正是客家人南迁的中转站。由于客家人对庙宇十分重视，因此当地各个村落都有供奉护村神灵，每年从正月十五开始，各个村落就会举办花炮会，祭祀护村神灵，仪式包括祭拜、接炮、还炮、抢炮等，祈求一年风调雨顺、幸福安康，活动会一直持续到农历三月三北帝庙会后才结束。

关于鹤城花炮会，有一个这样的传说。相传在唐代，有一个聪颖过人的壮族农家女，人称刘三姐，十二岁时就能吟诵经传，指物咏歌，有

普通话音频

粤语音频

　　"歌仙"的美誉。她年龄稍大之后，父母便为她安排婚事，但此时刘三姐已经心有所属，不愿嫁给父母安排的对象，于是与情郎离家出走，来到了鹤城镇昆仑山石人坑定居。安居落户之后，刘三姐便教授当地人唱山歌、诵经传，为当地的文化传播事业做了不少贡献，也在当地形成了喜欢唱山歌、对山歌的传统，据说两人后来修炼成仙而去。人们为了纪念刘三姐，便在她升仙的地方建庙供奉，并在每年的农历正月十九日刘三姐的诞辰举办花炮会。

开平楼冈网墟

　　广东开平地处珠江三角洲西部，因为河网密布，水上人家和渔民众多，继而形成了一个极具水上人家特色的习俗——楼冈网墟。

　　据记载，自明朝末年起，每年的农历八月十一日，在开平市长沙楼冈墟都会举办网市交易，主要交易的商品是以渔网为主的各种水上用具，至今已有300多年历史。由于所在地是楼冈的缘故，当地人称之为"楼冈网墟"。前来网墟买卖的并不限于开平本地人。网市前夕，邻近县市的渔民或厂商都会把织造的渔网等物品陆续运到，以待发售。来自外地的客户亦结队而至，场面十分热闹。

　　楼冈网墟的起源，始于一个"神仙网"的传说。相传在每年的农历八月十一日，会有一位神仙拿着一张渔网来楼冈市场出售，大家都说谁能买到这张"神仙网"，不管在什么地方打鱼，都

普通话音频

粤语音频

必定能大获丰收。因此每年到了农历八月十一日这一天，附近各地乃至广西福建的渔民都会来到楼冈，希望能买到这个"神仙网"。

在明末清初的时候，反清复明的开平船民黄三、温观彩等人为了响应南海黄萧养起义，就曾经以这个"神仙网"的故事为号召，通过网墟活动，联络附近的船民参加起义。最后起义虽然失败了，但楼冈网墟的传统却流传了下来，成为一个保留了当地特色的民俗。

瑶族盘王节

农历十月，对生活在连山地区的瑶族同胞来说，是一个相对比较轻松的季节，在这个辛劳过后等待丰收的季节，瑶族同胞迎来了祭祀自己祖先的节日——农历十月十六日的盘王节。

为了庆祝盘王节，当地人会提前做好准备，酿酒、打扫卫生、杀鸡宰鸭，到了节日当天，男女老少都会穿上节日盛装，来到盘王庙前在族老寨老的带领之下祭祀盘王，唱盘王歌、跳长鼓舞，场面十分热闹。

关于盘王节的由来，有不少不同的说法和传说。

例如相传在远古时代，瑶族人乘船漂洋过海，遇上狂风巨浪，久久不能靠岸，惊险万分。这时，船上有人走上船头祈求瑶族始祖盘王保佑。许愿之后，竟然很快就风平浪静，一行人

普通话音频

粤语音频

　　平安靠岸。这日是农历十月十六日，正好是盘王生日，自此之后，瑶族人就将这一日定为"盘王节"，为始祖盘王庆生。

　　又例如传说在古代，两位部落领袖评王与高王开战，评王许下诺言，谁取得高王首级，他就将三公主嫁给他。瑶族始祖盘瓠应召出征，成功取得高王首级。于是，盘瓠娶了三公主，生下六男六女，形成了后来瑶族的十二姓。后来，盘瓠上山打猎不慎被野兽撞落山崖而死，儿女们剥下野兽的皮做成鼓面，以梓树作鼓身，做成长鼓。到了农历十月十六日始祖盘瓠生日那天，瑶族人便敲起长鼓跳起舞，纪念始祖盘王。

化州跳花棚

跳花棚，又称为跳棚、跳傩、高棚舞，是化州地区一项重要的传统民俗，据说从明朝末年开始在当地流传，至今已有数百年历史。化州跳花棚是傩舞的一种表演样式，在每年农历十月小雪至大雪期间择日举行。跳棚傩祭当天，设跳棚台供奉康皇神像，先由道士主祭，接神安座，求神还愿，祈佑风调雨顺、物阜民安，接着便开棚门进行跳花棚表演。

跳花棚的仪式有许多讲究，按固定的表演顺序，分别有接神、安座、开棚门、小孩儿、道叔、秀才、后生唱歌、依前、陈九、锄田、钓鱼、判官、监棚、送虫、量棚、八仙等环节。因为表演仪式盛大，因此需要的演员也很多，少则十多人，多则有百余人。每个环节都有着不同的象征意义。例如"道叔"祈求风调雨顺、五谷丰

普通话音频　　粤语音频

登，而"秀才"则祈求学子们学业精进、科举顺利。

　　跳花棚的表演者还需要戴上傩面具，不同的面具代表不同的角色，也是跳花棚的一大表演特色。

　　不过传统的跳花棚因为项目繁多，有部分项目带有封建迷信色彩，所以后来经过了简化和调整，在内容上与传统的跳花棚有所不同，表演的时长也有所缩短，但依然延续了传统的祈求农业丰收、生活美满、爱情幸福等愿望。

忠信吊灯习俗

忠信吊灯习俗，是广东河源连平地区的客家人在元宵期间的赏灯习俗，至今已有两百多年历史。在当地的客家话里，"灯"和"丁"字是谐音，当地人通过元宵赏灯的仪式，祭拜祖先，祈求人丁兴旺。

忠信吊灯习俗由放灯绳、买灯、迎灯、上灯、暖灯、化灯六个环节组成，每个环节时长不同，完成整套仪式需十多天，期间更有八音锣鼓、舞龙舞狮、祭祖、饮灯酒等仪式，场面十分热闹壮观。

在六个环节之中，上灯是最为重要的仪式环节，通常由族长主持祭祖，然后由添丁的人家将花灯拉到祠堂的梁下，称为"升灯"。升灯的时候，鞭炮与八音锣鼓齐鸣，以示喜庆。在花灯之中，还要系上柏叶、百眼芋头、葱和蒜、手巾等物，以求新丁聪明健康、多子多福。

 普通话音频

 粤语音频

　　而经过上灯仪式之后，新添的人丁便可以录入家族族谱之中，称为"上丁"，与"上灯"谐音。

　　忠信吊灯习俗之中，花灯是重要的媒介，有着独特的制作工艺，承载了当地独特的文化与艺术形式。而更重要的，是通过花灯这个媒介和仪式，加强了宗族内部的凝聚力，也寄托着当地人对人丁兴旺、美好生活的向往与追求。

饶平彩青

在广东潮州的饶平，有一种源于古代中原地区的习俗，称为"彩青"，又称为"钉桌"，是将各种食物制作而成的陈设品摆满桌面，以祈求风调雨顺、五谷丰登的传统仪式。

饶平的彩青习俗，据说源于古代中原地区的"钉饾"。所谓"钉饾"，是指将食物摆放在桌面上用于陈设而非食用。例如唐代韩愈曾有诗云："呼奴具盘餐，钉饾鱼菜赡。"这个习俗在早年经由福建随中原移民传入饶平，至今已有七百多年的历史，并演变成饶平地区独具特色的传统民俗。

饶平彩青，一般分为桌碗和桌碟两种。桌碗一般以不同颜色的米或豆一层层黏在面团之上，堆成小山状，并镶嵌出"出入平安""五谷丰登""风调雨顺"等祈福的字样；而桌碟又称为

普通话音频

粤语音频

桌盘，则会用面团捏成不同的造型，如人物、花鸟等，极具装饰性，一桌彩青摆开来，鲜艳夺目。

因为采用食物作为原料，所以制作彩青的过程不但需时不少，而且必须一气呵成，如果失误后再行修补，材料就难以融合。

当地人制作彩青，一般是在农历正月十二日到元宵节期间，每逢此时，不少人家都会各展技艺，在街巷口摆起八仙桌，将精心制作的彩青摆上，让大家来评点哪一家做得多、做得好，手艺更佳，是当地一个极具特色的新春民俗活动。

陈村花会

粤港澳地区的人们都讲究"意头"，对于象征吉利、有"花开富贵"意味的鲜花特别青睐，所以各地都有关于鲜花的民俗活动，尤其是新春前后，花街、花市更是多个地区必备的热闹活动。

而讲到花卉活动，除了以"花城"著称的广州之外，自古以来以花著称、有岭南花卉第一镇的陈村，也有着重要的迎春花会——陈村花会。

说起来，陈村花会与广东地区春节逛花街的传统习俗有着密切关系。因为迎春花街有大量的鲜花需求，而陈村地处珠三角腹地，气候环境适宜花卉种植，所以当地形成了庞大的花卉种植业，有"户以花为业，村以花出名"的说法。

在清代，陈村地区的花贩在广州以及附近地区的花卉市场上就已经十分活跃，清代画家黎简

普通话音频

粤语音频

　　曾有诗云："雨酿浓青柳醉天，一弯愁黛暮山圆。船头花影垂垂簇，亲见饥鱼嚼紫烟。"而到了民国时期，陈村花卉的品种更多，销量也更大，不但是广东地区的主要花卉供应商，还远销到福建、江苏、浙江、上海、香港等地。

　　正因为有着发达的花卉产业，所以在每年春节前，陈村本地都会举办长达十天的陈村花会。在花会上，不但本地人会前来参观选购，其他地方的花贩也会前来采购，因此十分热闹，规模最大时整个花会绵延十多公里，入场人数高达30万人次，更吸引了许多海外侨胞前来参与。

湾区有段古系列丛书：湾区风俗知多啲

高要春社

高要春社，是广东肇庆地区在每年农历二月初二举办的一项民俗活动，主题以社稷崇拜为主，是当地人祈求风调雨顺、生活美满、庆祝新年的重要仪式。

高要地区自古以来因为地处两广地理要冲，因此成为西江流域的重镇，也是岭南文化的重要发祥地之一。而社稷崇拜，就是从古代一直流传下来的祭祀祈福仪式。所谓社稷，社是指土地，稷是指农作物，是农业社会的立国之本。祭拜社稷，也就是祭拜土地神和谷神，是农耕文明最为重视的神祇。直到现在，高要地区还保存着几千个用于祭祀的"社坛"，每年农历二月，各村各地就会陆续举办祭祀庆典活动。

总的来说，各村各地的庆典都大同小异，包括社祭、巡游、抢炮、分肉、饮宴等环节。

普通话音频

粤语音频

关于高要春社的传统，还曾经有过一段曲折的经历。高要各地的春社活动被一度认为是封建迷信，被迫暂停了很长一段时间。但高要地区的人民对于春社活动始终念念不忘，后来河台镇的民众想了个办法，在1978年，就将春社活动改称为"河台开耕节"，令春社活动得以继续举办。

　　后来随着对传统文化的重视，专家又考证出高要地区春社活动的历史渊源，高要春社活动得以陆续恢复举办，并在2013年被列入广东省非物质文化遗产代表性项目名录。

中秋烧番塔

　　烧番塔，是广东肇庆和佛山等地区一项颇具特色的中秋民俗活动，从明清时期就开始举办，至今已有过百年历史。

　　番塔，又称为番火塔，关于其起源有不同的说法。

　　有说法认为烧番塔是为了纪念元朝末年汉族人民起义，当时的番塔是起义的信号，火光一起，民众便揭竿而起，对抗元朝官府。

　　而另一种说法则认为烧番塔源于清代，当时法军曾侵略广东地区，清军将领在当地对抗法国侵略者，曾经将法军赶入塔中烧死。因为粤语称外国人为"番鬼佬""番鬼仔"，所以这个塔便称为"番塔"。

　　无论哪一个说法，烧番塔所代表的都是广东人民保家卫国、对抗侵略的精神。

普通话音频

粤语音频

　　到了现在，烧番塔活动已经成为老少咸宜的庆中秋活动，许多家庭都会堆砌起自家的番塔，一般是以砖头、瓦片砌成，下方留有缺口用于塞入柴草等燃料。而村里也会堆砌起代表村的番塔，规模更大，高达3～10米。到了中秋当晚，村与村之间，户与户之间便会来一个"烧番塔"大比拼，看看哪个村的番塔烧得最旺，哪一家的番塔火光最高。而番塔烧得越高越旺，则意味着来年更兴旺、更发达。

高流河墟

　　高流河墟，是广东阳春地区每年农历五月四日举办的大型集市。在这一日，附近的村民、工匠和商贩都会将自己制作的手工艺品、日常用品带来摆卖，赶墟的人数往往高达十万以上，场面十分热闹。高流河墟起源于南北朝时期，至今已有过千年历史，现已发展成竹藤类编织品、手工艺品的专业集市。

　　关于高流河墟的来历，据说与粤西地区著名的女英雄冼夫人有关。冼夫人是当地俚人的首领，嫁给了当时的高凉太守冯宝，与丈夫一起担负起保境安民的责任，并在高流河地区建立烽火台、练兵场，加强战备。到了南陈的时候，广州刺史欧阳纥起兵反叛，冼夫人就在高流河地区发兵，与朝廷的大军一起平定了欧阳纥的叛乱。

　　事后，朝廷为了表彰冼夫人母子的功绩，封她为石龙郡太夫人，儿子冯仆为石龙郡太守，又

普通话音频

粤语音频

赏赐了大批物品。于是，冼夫人就在高流河畔举办庆祝仪式，向百姓展示朝廷的赏赐，又追悼因为叛乱死难的军民，百姓也趁此机会聚集进行小商品买卖。自此之后，此地就形成了高流河墟的习俗，每逢端午节前，就来到此地赶墟。传说高流河水十分神奇，竹器放在水中浸泡之后不会生蛀虫，人在河水中浸泡则可以防止皮肤病，所以直到现在，还有不少人带着瓶子来高流河装水回家。

高流河墟还有一些很有趣的规矩，例如游人不能最早到达，商人不能最后一个离开，必须赶在日落之前收市，没有卖完的商品最好不要带走，否则会影响运气。所以往往到了日落之前，高流河墟的商品就会打折大甩卖，不少人都趁着这个时间大有斩获。

清远旺龙

中国人被称为龙的传人，自古以来无论官府还是民间，与龙相关的仪式活动都非常丰富，广东清远地区的旺龙习俗，就正是其中之一。

旺龙，又称为追龙、盘龙，是清远地区一项极具特色的民俗活动，传承至今已有三百多年的历史。

所谓旺龙，是用彩绸扎出龙头龙尾，然后以一条条的背带连成龙身，由青壮年男子一起舞动，祈求风调雨顺、五谷丰登、丁财两旺的民俗庆典仪式。在清远地区，一般三到五年会举办一次小型的旺龙，十年左右举办一次大型的旺龙。

据传在清朝乾隆年间，李氏从梅州迁到清远定居。在李氏宗祠建成当日，李氏族人就在宗祠前举办了声势浩大的旺龙活动，自此之后，旺龙活动就在清远地区流传开来。一般来说，当地

普通话音频

粤语音频

每逢求雨、祈福、庆典等大型事务，都会举办旺龙活动，仪式包括祈福、安龙、请神、安神、头坛、点兵将、呼龙、盘龙等多个环节。其中，最为壮观的环节莫过于迎龙，村民们在舞龙的队伍引领之下，敲锣打鼓地跟随其后，一直走到村外的山头，人多的时候，会聚集上万人，形成一条上千米长的"人龙"。

　　2018年，清远旺龙被列入广东省非物质文化遗产代表性项目名录，得到当地的重视和保护。

湾区有段古系列丛书：湾区风俗知多啲

舞木龙

舞木龙，又称为旱地舞龙舟，是东莞厚街镇桥头村世代相传的一项颇具特色的端午节民俗活动。

每逢农历五月初五端午节当晚，桥头村的村民们就会聚集在收藏木龙之地，进行祭请龙舟的仪式，然后就由锣鼓队引路，抬着木龙头巡游全村。而除了抬龙头的青年之外，后面还跟着两队队员，高举青树枝组成龙身和龙尾，模仿划龙船的动作，口中高呼"嘿哟嘿哟"跟随在后。而木龙途经的地方，家家户户都会放鞭炮相迎，气氛十分热烈。

舞木龙时村民所举的树枝，据说是为了纪念一条大青蛇。相传有一年当地发生瘟疫，有一条大青蛇口衔青树枝而来，却被村民误会是要袭击村庄，被杀死丢入河中。青蛇落河后化为巨龙而去，村民这才知道青蛇其实是来帮助他们的，再

普通话音频

粤语音频

去看它送来的树枝，原来是一味中药。于是村民们上山采摘此药，煎水饮用，果然消除了瘟疫。

而关于舞木龙活动的来历，当地人认为其祖先来自河南，来此地任职时将端午节划龙舟的习俗带到本地。但后来当地河网渐渐消失，划龙舟活动无法举办。恰逢当地遭遇旱灾，村民们手执树枝向龙神求雨，结果十分灵验，不久就天降甘霖。村民们受此启发，想到了用木头制作龙头，手执树枝模仿划船，以模拟划龙舟，祈求风调雨顺。

舞木龙的民俗流传至今已超过五百年历史，在2009年被列入广东省非物质文化遗产代表性项目名录。

中国古代传统的婚姻，讲究"父母之命，媒妁之言"，并不主张男女自由婚恋。但在不少的少数民族地区，则流传着自由婚恋的习俗，例如广东连南的瑶族，就有一个"玩坡节"，在这个节日里，青年男女可以自由选择自己心仪的对象。

玩坡节，又称为"昂春"，是连南瑶族每年农历正月初二到初四举办的一项追求自由与爱情的民俗活动，至今已有上千年历史。

在这一日，瑶族的未婚男女都会盛装打扮，来到举办活动的山坡。首先，由主持仪式的长老跳起祭祀的舞蹈，请求瑶族始祖盘王准许瑶族男女自由恋爱。祭祀仪式结束之后，随着号角响起，整个山坡便会沸腾起来。被称为"莎腰妹"的瑶族女子，会站在山坡上唱起动人的情歌，向

普通话音频

粤语音频

　　青年男子"阿贵哥"们示爱，而"阿贵哥"们则会用特制的竹枪向心仪的女子发射"小子弹"。

　　如果双方都互有好感，两人便可以牵手走到情人桥边，在大家的祝福之中交换定情信物，然后由阿贵哥背着莎腰妹走过情人桥。

　　除了青年男女谈情说爱之外，玩坡节还会举办阿贵斗牛、长鼓舞等活动，是当地新春期间最热闹的聚会。在2018年，连南瑶族玩坡节被列入广东省非物质文化遗产代表性项目名录。

瑶族耍歌堂

瑶族耍歌堂，是广东清远连南瑶族地区的民俗活动，是当地人纪念祖先、庆祝丰收、酬神还愿的重要仪式。

瑶族耍歌堂通常三年举办一次，活动的周期很长，从择日到正式举办，长达大半年时间。一般在农历二月初二，由耍歌堂的主持人"先生公""掌庙公"决定今年是否举办，如果举办的话，就会定在农历十月十六日盘王诞当天。

而在择日之后，当地就要修葺大庙，将祖先的塑像翻新。到了农历九月二十日，则要开始"打旗号"，也就是竖起一根长竹竿，顶端绑上穿着用红绒线绣成衣服的稻草人，竖立在大庙高处，以便让大家都知道当年要举办耍歌堂活动。

而在耍歌堂活动的前一天，也就是十月十五日，各房各姓的民众要将本房的祖先从大庙抬回本房祠堂，还可以将其他房姓的祖先抢先抬回，

普通话音频

粤语音频

对方必须用酒肉糍粑来赎回，称为"抢公"。

　　到了十月十六日耍歌堂活动当天，首先要举办"告祖公"的仪式，由"先生公""掌庙公"负责祭祀瑶族先祖盘王以及各家各姓的祖先。然后就开始"游神"活动，由青年男子手擎竹幡开路，百姓跟随其后进行巡游，其中会有专人扮成老人，由年轻人搀扶，又有妇女用襁褓背负婴儿，以纪念祖先迁徙的艰辛。

　　巡游仪式结束之后，大家会来到歌堂坪载歌载舞，欢庆节日。最后，由"先生公"宣布活动结束，各房各姓便将祖先塑像抬回大庙，称为"退公"。

　　瑶族耍歌堂是瑶族文化的重要体现，在2006年被入国家级非物质文化遗产代表性项目名录。

瑶族双朝节

瑶族双朝节，是广东连南地区瑶族独特的民俗节日，由"二月朝"和"十月朝"组成，又称为"双愿节"。

在瑶族的传统习俗中，将每个月的第一天称为"朝"，所以每年有十二"朝"。大凡朝日，瑶族人都会祭拜祖先天地，祈求阖家幸福安康，称为"崇拜日"，其中，"二月朝"和"十月朝"最为重要，因此称为"双朝"。

二月朝，是农历二月初一，是为开春之始，被认为是许愿的节日。所以在这一天，当地人会制作油炸糍粑祭祀祖先和天地，将鸟状的糍粑抛撒在田间，又或者粘在农具上，并点燃香烛插在田基之上，以祈求祖先和上苍保佑新的一年风调雨顺、五谷丰登。

而用糍粑祭祀许愿，对瑶族人来说还有另外一层含义，就是封住鸟类的嘴巴，不让它们祸害

普通话音频

粤语音频

农作物，所以"二月朝"又被称为"送鸟节""忌鸟节"。

而十月朝，是农历十月初一，被认为是还愿的节日。为了庆祝丰收，当地人会用收成的糯米做成糍粑，用黄豆做成豆腐，祭祀祖先和天地神灵。

除此之外，十月朝还有一个独特的犒牛仪式，以祭祀辛勤耕作的牲口。当天，人们会用草药、鸡蛋、黄豆煮汤，加上苦爽酒给牛喝，又用青菜包糍粑喂牛。接着，青年男女们会穿着节日盛装，将家里制作的糍粑挂在牛角上，然后放牛归山，让它们也享受一下节日的闲暇。

双朝节在瑶族的民俗文化中，占有很重要的地位，表达了当地人对大自然的感恩和对美好生活的期望。

关公磨刀节

三国时期的关羽，在中国可谓家喻户晓，被尊称为"关公"，以义薄云天为国人所称道，在各地都有祭祀关云长的"关帝庙"。而各地祭祀关公的形式都各有不同，其中广东湛江地区的"关公磨刀节"，可算是独具特色。

关公磨刀节，是当地每年农历五月十三日举办的祭祀关公的活动。这个日子正处于夏至与小暑之间，是观察一年降雨量是否充足的重要时间，所以民间就认为这一天如果下雨，就是关公在天上磨刀，磨刀的水从天上降下凡间，预示着一年风调雨顺、五谷丰登、国泰民安。

对于农历五月十三日这个日子，则有各种不同的说法。有的认为这一天是关帝诞辰，所以民间选在这一天祭祀关帝；有的则认为这一天是关羽当年单刀赴会的日子，是他英雄事迹的纪念

普通话音频

粤语音频

日，所以后来关羽被封为天神后，也选在这一天出巡，为民间带来降水。

　　在节日当天，当地会举办"关公磨刀"的庆典活动，高潮部分正是由道士将"青龙偃月刀"架在磨刀石上，模拟关公磨刀的情形，旁边围观的村民们则高声喝彩，气氛十分热烈。在庆典结束之后，村民们也会争相沾一下"磨刀水"，以祈求平安吉祥。

贞仙诞

　　在中国古代，虽然妇女的地位不如男性，但民间崇拜的神祇倒有不少是女性，例如岭南地区就有"三大女神"的说法，指的是秦代德庆龙母、宋代湄洲岛天后以及唐代四会的文氏贞仙。而贞仙诞，正是民间拜祭贞仙的信俗活动，在广东肇庆四会地区最为盛行。

　　这位文氏贞仙，相传是唐朝贞元年间的女子，十分勤劳贤惠，后来在广正山下松甫铺得道成仙，被称为"贞仙"，而广正山则被称为"贞山"。根据民间说法，这位贞仙娘娘是地方神祇，庇佑大地、润泽民生，所以很受当地百姓的崇拜。因为文氏升仙的日子正是重阳九月初九，所以贞仙诞也就定在农历九月初九。

　　关于文氏成仙，有这样一个故事。相传文氏入广正山中修道，却一直不忘村中的孩子放牧捉鱼摸螺的艰苦生活，时常回来煎鱼，煮螺给孩子

普通话音频

粤语音频

们充饥。一日，山里来了几个纨绔子弟，想对文氏无礼，文氏宁死不从，把剪了尾笃准备炒的石螺和刚煎了一边的鲫鱼踢落到山溪里，纵身跳落深潭。事后众人正想打捞文氏的遗体，却听到仙乐齐鸣，一众仙姑驾着彩云将文氏托起，成仙西去。

据说贞仙踢落到山溪的石螺和鲫鱼流传了下来，在当地贞山脚下，长满了肉质鲜嫩的"无笃仙螺"，以及有半边褐色的"煎鲫鱼"，成为当地的特色美食。而在贞仙祠里，则有一副对联："贞风留竹柏，仙气活鱼螺。"

从唐代开始，四会当地的官府和民间就一直有举办"贞仙诞"的传统，而到了清代同治年间，文氏被敕封为"惠泽"，就更受到民间尊崇了。

横沥牛墟

　　在农业社会里，耕牛是最重要的生产工具之一，所以自古以来各地农民对于牛的买卖，都十分重视，还发展出专业性的集市。

　　在中国传统之中，定期举办的集市在北方称为"集"，而在南方则称为"墟"，买卖牛的集市，自然就是牛墟了。在广东地区，曾经有不少地方都举办牛墟，但论到经营时间长、生意兴旺，则首推"三大牛墟"，分别是三水西南、鹤山沙坪和东莞横沥，其中又以横沥牛墟最具特色。

　　横沥牛墟起源于明末清初时期，至今已有近四百年历史。每逢农历三、六、九为位数的日子，各地的客商、农民就会聚集到横沥，参与耕牛交易。

　　买卖耕牛关系到农民的生产和生计，事关重大，而且如何判断耕牛的质量，更是涉及许多专

普通话音频

粤语音频

业知识，所以牛墟之中还有一个非常独特的行当——"牛中"。

　　所谓牛中，也就是牛墟买卖的经纪人，他们都是买卖耕牛有丰富经验的行家，会对每一头耕牛的年齿、健康状况、习性都有所了解，然后想买价进行推销从中赚取报酬，有的还会自己炒买炒卖，是牛墟交易的重要纽带。在成交之前，买家还可以将耕牛带到指定的空地，套上准备好的犁、耙等，进行试耕，与现在人们买车颇为相似。

　　据说在横沥牛墟最兴旺的时期，有一百多位牛中。要成为一名合格的牛中，需要好几年的学习才能出师，而且牛中们相牛卖牛的技术，一般只在家族中传承，且传男不传女。

　　在2007年，横沥牛墟被列入东莞市非物质文化遗产代表性项目名录。

东莞七夕贡案

　　农历七月初七的七夕节，是传说中牛郎织女鹊桥相会的日子，是中国的传统节日，而各地庆祝七夕的方式则各有不同。例如在广东东莞地区，就有七夕贡案的习俗。

　　与现代人将七夕视为"情人节"不同，岭南地区一直流传着七夕乞巧的传统。在民间传说中，织女是天帝的孙女，七仙女里最小的一个，所以被称为"七姐"，是掌管织造的女神。而所谓"乞巧"，就是女孩子向七姐展示心灵手巧，并祈求保佑，追求美好爱情婚姻的活动。

　　而在东莞地区，每逢农历七月初六晚，到了交子时辰，女孩子们就会穿上新衣，带上新手娟，七人为一队拜祭七姐，并且在村中祠堂摆设贡案，陈列各种手工作品，一方面向七姐乞巧，另一方面则互相比较。

　　七夕贡案因为制作成本较高，所以往往会以

普通话音频

粤语音频

　　"养轮猪"的形式筹集制作资金，也就是集资购买猪苗，各家各户轮流喂养，然后到七夕前杀猪作为资金。七夕贡案的仪式颇多，包括摆巧、拜仙、乞巧、洗七姐水等环节，其中以摆巧为最重要的内容。

　　所谓摆巧，就是将各种形式的手工制品摆设到贡案之上，以拜祭七姐，贡案上需摆设茶酒斋饭、龙狮贺节、五谷丰登和鹊桥相会四个部分。

　　而在七月初六晚，即七月初七的子时开始举办贡案仪式，也是自古流传的传统，民国时期的才子邓尔雅有诗云："纸醉金迷斗巧工，民间俗尚仿深宫。改将七夕从初六，南国犹存五代风。"

行彩桥

行彩桥，是广东省揭阳地区闹元宵的特色传统民俗活动，据记载从清朝起便有此习俗，延续至今。

每年从农历正月初十开始，揭阳地区的各种桥梁都会被装扮起来，挂上各种彩灯，悬挂起各种祝福字样的彩旗，又在桥的两侧和桥头扎满榕树枝，这便是"彩桥"。

行彩桥的活动分为三个部分，正月十一日晚开始"行头桥"，正月十五日晚"行二桥"，到正月十六日晚"行尾桥"，整个行彩桥活动才宣告结束。在行彩桥的过程中，人们会采下桥头的榕枝竹叶，并念诵不同的祈福话语，以祈求好运。

关于行彩桥习俗的来历，有两种不同的说法。

一种说法是从前有人梦见一位仙姑告诉他，未来的某日洪水要暴发，在洪水到来之前，地上

普通话音频

粤语音频

有一条五彩缤纷的桥连接天空，只要往桥上走，便可逃过灾难。人们照仙姑的话去做，果然免遭厄运。从此以后，在这一天，人们便以"行彩桥"的形式渡厄，祈求平安。

而另一种说法则是相传很久以前，揭阳地区有个贫苦人家，夫妻俩育有一对儿女，女为长、子为次。后来，女儿长大出嫁，家里的劳动力便减少了，年迈的夫妇因身体不适很难维持生计，因而受到村里人的歧视，女儿见状便时常自己回娘家帮忙。据说有一年元宵节，女儿回到娘家，她的丈夫和弟弟在家门前的小桥上张灯结彩，以作娱乐。但没想到神奇的是，第二年女儿便喜得贵子，家里的小儿子也赴试中举，家里人都认为是彩桥的缘故，于是搭彩桥便被视为祥瑞之举流传至今。

惠州西来古刹祈福

　　西来古刹，又称西来庵，位于惠州市惠东县白盆珠镇高布狮子山，主要供奉地藏王菩萨。西来古刹祈福是当地民间组织的祈福仪式，以祈求神祇庇佑风调雨顺、社会和谐、国泰民安。

　　西来古刹距今已有近千年历史。它静卧在莽莽群山之中，久负盛名又充满传奇色彩。西来，为"佛本西来"之意，关于西来古刹祈福仪式，有两个不同的传说。

　　相传在宋代，惠东新庵镇人烟稀少，但是奇怪的是，每天凌晨，山脚下的人们总是能隐约听到木鱼声和诵经声。开始还以为是错觉，后来发现声音始终源源不绝。

　　有一天，一位村民实在忍不住，他循声而去，爬山越涧，到了狮子岭，抬眼一看，半山腰上有一块犹如天外飞来的巨大磐石，木鱼声和诵经声就是由那里传出。于是他再靠近，发现有一

普通话音频

粤语音频

位僧人面朝一尊玉佛正在诵经。原来，僧人是来自安徽青阳九华寺的大师，他携带着地藏法王玉像云游到此，看到这里地势雄伟，宝气冲天，就座于巨石之上诵经击鼓。正是因为这样，当地乡里四邻才开始风调雨顺、五谷丰登。后来人们感念大师的恩德，就开山斩棘，在巨石下建庙供奉。

而另一个传说则称，在明朝神宗年间，新庵遭遇大旱，瘟疫流行，百姓生计十分艰难。当地乡贤就倡议，奉请西来古刹佛祖前来祈福消灾，召开七日通宵法会。法会之后，果然瘟疫消退，百姓安康。于是自此之后，以村为单位的祈福活动就在当地民间代代传承了下来。

连州洗佛节

　　洗佛节，是流传于广东省连州地区的传统神诞祭祀习俗，在每年农历六月初六东岳大帝神诞期间举行。相传，连州镇的沙坊村自五代时期就开始建村了，建基的先祖石文德在村头修建东岳古庙，并将神像在附近大、小龙河中沐浴净身，以祈求五谷丰登、平安吉利，自此形成了传统，流传至今。

　　洗佛节，包括请佛、游神、浴佛和抢鸡等环节。村民首先抬着神像依次到村中五个门楼进行巡游，称为过门仪式。各个门楼都临时安装了神台，摆了供品以供村民祭拜。

　　巡游结束后，村民们就会将神像抬到河水中，并以神像的红头巾作为浴巾，以流动的河水洗净神像身上的灰尘，人神共浴祈求一年平安如意。

 普通话音频

 粤语音频

之后，会进行"抢鸡"游戏。据说，抢鸡游戏的前身是游泳竞赛，让所有参与浴佛的孩子都能在比赛中掌握水边生存的本领，游泳竞赛优胜者可获奖励一只鸡。在游戏开始前，村民们会将洗浴干净的神像安放在河岸边，大人们将活鸡抛入河中，早已做好准备的孩子们欢呼着一拥而上，在水中与同伴展开争夺。但是后来因为河水变浅，导致无法举办游泳比赛，所以就改为在河中抢鸡，谁把鸡抢到手中即是优胜。抢到的鸡可以带回家和全家人一起分享，寓意来年全家安康吉祥、添丁发财。抢鸡游戏结束后，村人一路吹打着乐器，将神像送回东岳古庙安放，洗佛节仪式就正式结束。

当地村民认为，农历六月初六的河水是一年当中最洁净的，他们在这一天把佛像身上的尘土洗干净，神佛就会保佑他们五谷丰登，家家户户老少平安。

河源席床生日节

席床生日节，是广东省和平县林寨镇乌石村民在打席手工业发展中，形成的以"席床"为纪念对象，以举办家宴、手工打席竞技、吟诵歌谣、演练席拳棍术等为内容的传统岁时风俗。

其中，席拳棍术表演是乌石村"席床生日节"的一项主要内容。这种棍法吸取棍术、枪术之长，融合打席动作用力的原理，突出打席时心到、眼到、手到、眼锐手快等特点。这种棍法古老而实用，至今已传承了600多年。

相传元末明初，乌石村的开基祖鉴兴公，人称"文谦祖"，从龙川县高石镇迁徙至乌石村，见此地处处沼泽，连片生长着绿油油的淡水草，于是就地取材，制作席床，编织草席，进而发展了"打席"手工艺。后来，打席手工艺世代传承，成为乌石村族人维持生计的主要技能。虽然随着时代变迁，打席不再是当地人主要的谋生手

普通话音频

粤语音频

段，但对"席床"的纪念则一直延续了下来。

席床生日节的传统活动简约、朴素，没有繁琐的祭祀仪式，节日活动主要包括举行家宴、手工打席竞技和切磋席拳棍术等。每逢席床生日节，乌石村家家户户为准备家宴而杀猪、刣鸡、磨豆腐，嫁出去的女儿也要回娘家庆祝。家宴后，村民们会组合成群，以展示打席技艺、媲美草席质量、对比外观的方式，感恩先辈授传打席手工技艺，赐给后辈安定无忧的生活。织草席必须依靠两人以上的配合才能完成，配合越默契效率越高，诠释了"和气生财""和谐生活""家和事业兴"的深刻涵义。

数百年来，乌石村的村民为感恩祖辈流传下来的编织草席的手工艺给自己带来稳定而美好的生活，把农历九月廿九日定为席床的生日节，每逢此日全村热烈欢庆。这个节日一直延续至今，成为该村的独特民俗。

湾区有段古系列丛书：湾区风俗知多啲

潮汕三娘娘

潮汕地区向来香火旺盛，祭祀神灵之风十分盛行。在当地供奉的女神之中，有三位女神，分别为"珠珍娘娘""珍珠娘娘"和"宝珠娘娘"，算得上是当地独特的崇拜民俗，在其他地区十分罕见。

相传珠珍娘娘、珍珠娘娘、宝珠娘娘，是分别主治天花、麻疹、水痘这三种古代无药可治的疾病的女神，专门保佑婴幼儿。

她们原本是玉皇大帝七个女儿的其中三位，七位仙女姐妹厌倦了天界的日子，便相约到凡间游玩。到了凡间之后，三位仙女眼见民间的婴幼儿受三种疾病之苦，于是决定护佑幼儿，驱除疫病。她们回到天界之后，向太上老君请教了治疗这三种疫病的妙法，然后向玉皇大帝提出要下凡救助世人。

玉皇大帝觉得她们精神可嘉，便封她们为"辅国佑民护婴保童天妃"，到凡间救助世人，

普通话音频

粤语音频

专治天花、麻疹、水痘这三种疾病。

　　而在河溪华阳，有一座"珠珍古庙"，也有一段不凡的传说。相传在南宋时期，珠珍娘娘化身为少女，在孤岛上梳理长发。乡民好奇上前询问，少女自称她来去无需船只，因与华阳众生有缘，来此度化一方黎明百姓，并嘱托乡民在其站立处——"浮水莲花地"用杉木皮搭建珠珍庙宇奉祀，说完就飞升而去。乡民们便再此地修建了这座"珠珍古庙"，据说在古时候每逢发大水，华阳整个小岛被淹没，而这座"珠珍古庙"却滴水不进，十分神奇。

　　到了抗日战争时期，古庙作为游击队的联络点之一，为抗日斗争发挥了不少作用，如今这座古庙也在2010年被汕头市列为市级文物保护单位。

掷彩门，是广东从化地区民间欢度春节的重要民俗喜庆活动，可以说是当地过年的重头戏。

所谓"彩门"，其实是装满烟花爆竹的大花篮，一般以粗竹子和细竹篾扎成，因为往往扎成对称的门楼形状，所以称为"彩门"。而掷彩门，就是点燃小包鞭炮抛向高挂的大花篮，谁先引燃大花篮的，就被视为好运气，还可以获得奖励。

掷彩门一般在正月元宵前后举办，每条村都有各自掷彩门的日子，其中人数最多的神岗木棉村则是在元宵节当晚举办。到了掷彩门当天傍晚，就会有醒狮队绕着村庄起舞，沿途鞭炮锣鼓，十分热闹。

之后，村民就会从祠堂将"彩门"抬出，挂到祠堂门前的铁杆之上，掷彩门活动便正式开始。

普通话音频

粤语音频

　　因为掷彩门需要将点燃的鞭炮徒手抛向"彩门"，所以一般都由青壮年男子参与，夜空之中一串串鞭炮划破长空飞往高空，围观的村民们也纷纷喝彩，场面非常热烈。

　　掷彩门的时间视运气与难度而定，挂得比较高的彩门往往不易掷中，甚至有一个多小时才被点燃的，但难度越高，村民们的兴致反而越高，而最终点燃彩门也更令大家兴奋。当然也会有运气好一击即中的时候，无论如何，彩门不引爆，活动就不会结束。

　　掷彩门活动从明清时期开始流传至今，在从化流溪河两岸的乡村保留得最为完整。每年元宵前后，不仅当地的村民会踊跃参与，还会有很多附近的居民前往观看助兴。

破门楼郑翁仔灯，是广东省揭阳市榕城区的传统民俗文化之一，也是当地春节必备的活动之一。

所谓的"破门楼"位于揭阳市榕城区进贤门北侧，是由郑氏家族建造于明洪武年间的一片潮汕民宅，因为中厅不盖顶，故名"破门楼"。

到了清代康熙年间，棉洋郑氏十三世郑文信发家后，在此处买下一处房产居住。随着时光流逝，郑文信生意越做越大，于是渐渐购置周围的地产，继而统一设计，不断扩建，形成了如今占地面积高达三千多平方米的"破门楼郑"大屋。所以郑氏的族人都将郑文信视为"破门楼郑"始祖。

"破门楼郑"的门槛外有一方青石略高于地面三厘米左右，名曰"出丁石"。传说凡想生男孩的人家，来此处踏"出丁石"，就有望生男

普通话音频

粤语音频

孩，"破门楼郑"男丁兴旺也是源于此，而破门楼郑翁仔灯习俗，也与添丁有关。

　　翁仔灯，是由郑氏花灯演变而来。据传，郑氏族人会在家中诞下男孩的次年正月十一至十五日，在祠堂里摆上泥人屏，以祈求祖先保佑家族人丁兴旺。在郑文信搬到"破门楼郑"之后，这一习俗举办得越发隆重，并逐渐演变成了破门楼郑翁仔灯。每年的农历九月，破门楼郑氏家族便会派人外出定制、采购翁仔屏和翁仔米。等到正月初五，这些精致的翁仔屏、翁仔米、翁仔灯等都会被摆放出来，引得大量观赏者流连忘返。

　　2015年，揭阳榕城破门楼郑翁仔灯被列入广东省非物质文化遗产代表性项目名录。

新兴舞火篮

　　舞火篮是广东新兴县太平社墟村经久不衰的闹元宵传统项目。相传舞火篮的民俗起源于唐代建村时村民驱逐邪气的习俗，到了明清时期则逐渐演化为庆祝下元的庆典。

　　根据新兴当地的民俗，"下元"与一般民间的"下元节"有所不同，以农历二月初十为"下元"。到了这一日，当地会举办上灯、摆醮、舞火篮等庆祝仪式。

　　据传，社墟村在建村时，村落的形状看起来像一条蜿蜒的长蛇，因此被称作"蛇居"，后来根据谐音被称作"社墟"。当地传说蛇很喜欢跟在照明用的"火篱"后边，一边爬行一边吃"火篱"燃烧后留下的"火屎"，吃了"火屎"的蛇也会因此变得更有活力。所以，村民们会沿着蛇形燃起火篮，希望蛇能够在吃了"火屎"后更富有生机，保佑村里来年丰收。

　　根据专家考证，新兴在唐宋时期是个"天

普通话音频

粤语音频

气炎热、瘴气郁结、阴雨难开、瘟疫成灾"的地方，而社墟村所在地位于一个大山谷的谷口，最易滋生瘴气。而古人认为火能驱散瘴气瘟疫，所以每年准备开耕的时候，都会焚烧田头的稻根杂草，祈求一年平安。这种做法应该就是"舞火篮"民俗庆典的来历，也是古代南越地区民众"火崇拜"的形式之一。

每年农历二月初十晚，村里的青壮年就会抬着燃烧的火篮，在村子里面穿行巡游，巡游的队伍在黑夜之中形成一条火焰的长蛇，到了开阔的地方更会进行舞蹈表演，周围的村民则欢呼雀跃，场面十分热闹喜庆。

盐步老龙礼俗

　　盐步老龙礼俗，是举办于每年农历五月初五的民间交流庆祝活动，是岭南水乡龙船文化的一部分，也是盐步与泮塘两地友谊的象征。

　　据传在明朝万历二十五年，人们在珠江举办一年一度的端午赛龙舟活动。当天，江边围满了前来观看比赛的乡亲，上百条龙舟在起点处蓄势待发。伴随着乡亲们激烈的欢呼声，比赛正式开始，每一条龙舟都铆足了劲向前冲。最后，眼看盐步与泮塘的两条龙船都快要抵达终点，乡亲们都十分紧张。这时，泮塘龙船上的一个年轻小伙子忽然跃出龙船，猛地夺走了冠军标旗。之后，泮塘打起了得胜鼓，领走了锦旗和奖品。

　　但泮塘村民知道这件事之后，都觉得胜之不武，便斥责了几个年轻人，又派人将锦旗和奖品送去了盐步。不料，盐步村民一再礼让，不愿收下。最终经过一番你推我让，盐步和泮塘双方决

普通话音频

粤语音频

定结为亲友，共享荣誉。由于盐步龙舟年代更久远，因此成为了"契爷"，也就是我们现在所说的干爹，泮塘则成为了"契仔"，即干儿子。

此后，两地龙舟的友好关系代代相传，成为佳话。每年农历五月初五，盐步村民会乘坐龙船前往泮塘探亲；五月初六，泮溏村民则会乘坐龙船前往盐步探亲。探亲时，双方还会举办隆重盛大的仪式并互送特产。

2012年，"盐步老龙礼俗"被列入广东省第四批非物质文化遗产代表性项目名录。

澳门渔民春节习俗

澳门地区自古以来因为濒临大海，所以当地有不少人都以捕鱼为生，渔民众多，在民风习俗上也保留了很多渔民的传统。例如过春节，渔民们就有一套别具一格的庆祝仪式，包括还神、贴挥春、祈福、行张、首航朝拜等步骤。

"还神"仪式在每年的农历十二月举办。一般在农历十二月十五日左右，返回家中的渔民们会前往寺庙拜神，感激神在这一年中对他们的庇护。

到了农历十二月廿三日，渔民们会在家中拜灶神，并在祭品中摆上两枝甘蔗，希望灶神接下来能够多给他们些照顾。

农历十二月廿四到廿九日，渔民们会算出吉日吉时，举办正式的还神仪式。在那一天，他们会先祭祖，再依次拜船头、船尾和船舷。

"贴挥春"仪式则在农历十二月廿九或三十

普通话音频

粤语音频

日举办。在这一天，渔民会选择吉时前往船上，洗刷船舱，贴上挥春和红钱，并在船头贴上"大吉"，船尾贴上"一帆风顺"，之后开始祭拜。

"开年祈福"仪式于大年初二举办，这一天也被称作"开年日"。开年日凌晨，渔民们会举办开年祭拜仪式，供上鸡肉、猪手、猪脷、年桔等祭品，寓意"出海网网千斤、横财就手、大吉大利"。

"行张"仪式举办于大年初四，渔民们会在涨潮的吉时开始拜神，并将纸扎"鱼门""大船"放入海中，以祈求丰收、平安。

"首航朝拜"仪式则会在新的一年的第一次出航时举行，渔民们在渔船经过妈阁庙时，会进行朝拜、点爆竹，等渔船到达特定位置时，渔民们会进行放网。至此，渔民的春节祭拜仪式才算大功告成。

工夫茶

　　"饮茶"这个词，在广东不同的地区，有着不同的含义。对于广府地区的人来说，饮茶是指去茶楼吃一顿点心，茶只是其中一小部分；而对于潮汕地区的人来说，"饮茶"则意味着纯粹地喝茶，而且喝的还应该是"工夫茶"。

　　工夫茶，正式的名称是"工夫茶艺"，是潮汕地区特有的传统饮茶习俗，因为形式讲究、技艺复杂、体验独特，被认为是中国茶道的代表。

　　根据记载，中国茶文化开始盛行是在唐代，"茶圣"陆羽编撰的《茶经》可谓唐代茶文化的集大成者。而潮州工夫茶则盛行于宋朝，贵族茶就是源于潮州工夫茶，已有千年历史，当时潮州八贤之一的张夔有诗曰"燕阑欢伯呼酪奴，鸾旌凤吹光寒儒"，其中酪奴即是茶的别称。

　　而所谓"工夫茶"的"工夫"，与粤语同音词"功夫"意思并不相同，在潮汕话里，"工

普通话音频

粤语音频

夫"是做事考究、细致而用心之意，例如称带有一定技术含量的工种之人叫"做工夫人"，称做事考究、细心得有点过分的，叫做"过工夫"。所以"工夫茶"，是指细致讲究的茶道，从中也可见潮汕人对喝茶的重视。

工夫茶的仪式十分讲究，一般分二十一道程序，每道都有典故出处，例如洒茶称为"关公巡城池"、点茶称为"韩信点兵准"等等，其中蕴含着丰富的中国传统文化内涵。

如今，潮州、汕头、揭阳等地均将各自的工夫茶艺申报为非物质文化遗产。

关帝侯王出巡

关帝侯王巡游，是佛山市顺德地区奉祀关帝、侯王的民间信俗活动。其中关帝自然是指三国的"武圣"关云长，而侯王，则是指明朝时期被敕封为平浪侯的晏公。

晏公，原名晏戍仔，是江西临江府人，相传长得浓眉虬髯，面如黑漆，为人急公好义，疾恶如仇，颇得百姓爱戴。在元朝的时候，他被任命为地方官员，后来得病回乡，在坐船回家的路上去世。神奇的是，船还没到家，家乡的人却看到晏戍仔骑马在田野上奔驰。等到船只回到家乡，乡中的人这才听说他已经去世，回想起不久前曾见他骑马，于是打开船上棺木查看，发现内里竟然空空如也。于是大家都说晏戍仔升仙封神了，便在当地为他修建庙宇祭祀。

在当地，晏公被认为是掌管江河湖泊的水神，据说在水上遇到波涛风浪，只要大呼他的名

普通话音频

粤语音频

字，便能逢凶化吉，平安无事。

　　到了明朝，晏公被朝廷正式敕封为水神，受到全国性的崇拜，所以在佛山地区也供奉这位神祇。

　　早年，关帝侯王巡游是在农历五月十三日，后来因为防洪、耕作等原因，渐渐改到农历九月。每年农历九月初四到十九日，当地十几个村的村民就会聚集到关帝庙前，抬着关帝和侯王的銮舆，沿着既定的路线巡游，另外还有彩旗队、八宝队、罗伞队等跟随，以八音锣鼓柜为核心组成不同的方阵巡游，场面相当浩大。

龙舟说唱

龙舟说唱，又称为"龙舟歌"，是流行于广东珠三角地区的一种曲艺形式。

龙舟说唱大约起源于清朝，关于其起源有两种不同的说法，一种认为它始创于清朝乾隆年间，由顺德的一个破落户子弟所创；另一个则认为它始创于清康熙年间，是天地会等组织用于宣传"反清复明"思想而编创的。因为其始创于顺德地区，使用的是本地方言，所以以顺德口音为正宗，演唱的人需先学顺德口音，方能唱得了龙舟说唱。

从艺术形式上看，龙舟说唱以清唱为主、说白为辅。演唱时一人手执木雕小舟，胸前挂小锣、小鼓，边唱边敲，掌握节奏。说唱的内容以古典民间故事与传说为主，因为使用大量当地的俚言俗语，所以极具地方特色。

以前，龙舟说唱有三种不同的表演形式，第

普通话音频

粤语音频

一种是艺人在逢年过节的时候，穿街过巷进行表演，向居民讨食物和利是钱；第二种则是在正式的舞台演出，保留了传统的手提木雕龙、胸前挂锣鼓的形式；第三种称为鲤鱼歌或喃银树，也就是手提木雕鲤鱼或者榕树枝、柑橘来表演。

而龙舟说唱中具有招牌意味的木雕龙舟，被称为"木雕龙"，制作上也颇为讲究，一般会做成两层的龙船，盖顶做成元宝模样，下层有十三名艄公，插上彩旗和七星旗，而且艄公的船桨还可以活动，十分精巧。

作为珠三角地区的传统曲艺，2006年，龙舟说唱入选第一批国家级非物质文化遗产代表性项目名录。

陈山香火龙

陈山香火龙，是广东江门市鹤山地区祈福消灾的民间巡游活动，一般在每年农历八月廿一至廿四日举行，流传至今已有数百年的历史。

香火龙的巡游仪式十分讲究，分造龙、起龙、大巡游、盘龙表演、收龙、饮龙酒等环节。而这个习俗，相传是起源于唐朝中期的名将李晟以"火龙阵"大败叛乱的朱泚，而鹤山陈山村的李氏，正是李晟的后人。

李晟，甘肃临潭人，年轻的时候追随河西节度使王忠嗣征讨吐蕃，以擅长骑射闻名。后来他凭借着扎实的军功，升任神策军先锋都知兵马使，在唐德宗朝征战于河朔地区，打击叛乱的魏博节度使。谁知在唐建中四年，泾原镇的士兵在长安哗变，拥立朱泚为帝，唐德宗被迫逃离京城。

普通话音频

粤语音频

　　李晟接到朱泚叛变的消息，马上带着部队回师勤王。经过一番苦战，李晟终于打败了朱泚，光复了长安，被唐德宗封为司徒、中书令。不过，摆"火龙阵"一事在正史中似无记载，属于民间口口相传。在收复京城之后，李晟又击退吐蕃对中原的进攻，堪称中唐时期唐德宗一朝的中流砥柱。

　　后来，李晟后人的其中一脉迁移到鹤山陈山村，为了缅怀祖先的功业，祈求祖先护佑，便将传说中李晟所摆的"火龙阵"演化为香火龙的习俗，以消灾祈福。

海丰拂秋千

拂秋千，是海丰地区民间闹元宵的一种传统民俗，在当地曾经盛行一时，附近各村镇均有举办。

拂秋千一般由"打秋千"和"斗歌"两部分组成，参与的人坐在特制的秋千斗上，由地面上的族人推动，两边的歌手便你上我下、你来我往地一边打秋千一边对歌。

拂秋千所用的秋千架颇有讲究，需按干支纪年的岁次定好方位座向，一般搭在祠堂或者神庙前的空地上。旧时还有不让女性参与的规矩，不过到现在已经取消了。

拂秋千所对的歌曲，一般为一问一答，需要歌手即兴自编自唱，难度不小，内容从歌颂太平到喜庆丰收，从日常生活到男女之情均有涉猎，一般以四句为一首，旋律简单质朴，颇有古风。

普通话音频

粤语音频

斗歌获胜则可以继续安坐秋千之上，接受观众的欢呼，而落败者则要下台换人再上了。

当然，不论胜负，拂秋千都旨在表达人们对美好生活的向往之情，所以无论参与者还是围观者，都兴高采烈，往往通宵达旦才尽兴而归。

揭阳年俗摆猪羊

揭阳是粤东地区的古邑，历史悠久，也传承了不少独特的民风民俗，例如春节期间"摆猪羊"，便是其中之一。

揭阳市揭东县新亨镇硕联村，古称"下埔"，因为自古水陆交通便利，所以曾是福建、江西、广东的交通要道，吸引了不少商贩在此地经营。为祈求生意兴隆，当地商户一般会供奉财神赵公明和关公两位"老爷"，而供奉的形式则是独特的"摆猪羊"。

最初的时候，商户们在正月都会将自养自宰的大猪和肥羊供奉到神台前，拜祭后分给邻里乡亲，既祈福许愿，又能和睦邻里关系。

但后来随着移居到当地的人越来越多，由谁家来负责供奉成了一个问题，一来涉及成本，二来涉及权威，为了避免不必要的纷争和浪费，村里便约定，由十个较大的自然村在每

普通话音频

粤语音频

年正月十六、十七日轮流"摆猪羊",全村共同庆祝,如此便皆大欢喜了。

根据传统,"摆猪羊"需要用公猪公羊,各家各户会将准备好的猪羊送去加工,在正月十五日晚送回。然后各家各户的男丁便会认领各自的猪羊,抬到自家的架子上安放,还会对猪羊细心装扮,例如扎红纸、挂红包等等。

而除了猪和羊之外,村民们还会将家中的珍藏都趁此机会拿出来敬奉神明,所以"摆猪羊"仪式上,神台的供品十分丰富。

在2009年,这个独特的新春民俗还被列入广东省非物质文化遗产代表性项目名录。

湾区有段古系列丛书::湾区风俗知多啲

萝岗香雪

萝岗香雪，是指广州市萝岗区"十里梅林"的优美景色，在几乎从不下雪的广州地区，冬天到萝岗欣赏梅林景色，曾经是广州乃至周边地区民众的一大习惯。

根据史料记载，萝岗地区种植青梅，最早始于宋代。在当地萝峰山上玉岩书院内，有一幅清代的对联："泉石清幽，地僻千年，一洞烟霞堪入画；峰岚拥护，天围四壁，满山梅荔自成庄。"可见当地种植梅花由来已久，曾吸引了不少文人墨客前来"踏雪寻梅"。

因为当地自然环境独特，萝岗种植的梅花往往能梅开二度，到了20世纪五六十年代，梅园连绵数十里，被称为"十里梅林"。每年冬天，梅花盛开，洁白晶莹，芬芳暗飘，与飞雪相比也不遑多让。郭沫若曾题诗云："岭南无雪何称雪，

普通话音频

粤语音频

雪本无香也说香。十里梅花浑似雪，萝岗香雪映朝阳。"

　　萝岗香雪的美景每年都吸引大量游人前来观赏，在1962年还曾被评为"羊城八景"之一。在20世纪80年代，因为气候、虫害和经济等方面原因，当地农民纷纷改种萝岗橙，令萝岗香雪一度销声匿迹。而到了21世纪以来，当地以市政公园的方式重新规划梅花种植，令梅花香雪的美景逐渐又回到了萝岗地区，市民们又重新在冬天来到此地游玩赏花。

舞春牛

　　舞春牛，是南方多省的民间庆典，流传于两广、湖南、云南等地，其中在广东以韶关地区流传最广。

　　相传，"舞春牛"的习俗源于唐朝，是从江西迁居到韶关地区的民众将此舞蹈仪式带到此地，并一直流传了下来。

　　韶关地区地处山区，境内大都是喀斯特地貌和丹霞地貌，农耕不易，所以对于耕牛的重视程度特别高。因此每年新春开耕之前，当地人便扎制纸牛，载歌载舞，以感恩耕牛的贡献，并祈求新的一年五谷丰登。

　　舞更牛仪式通常从腊月就要开始准备，用竹篾、棕绳、黑布和纸扎成春牛，绘上图形。等到农历正月初一，十几个队员便舞着春牛在村里巡游、拜年。其中，一人舞牛头，一人舞牛尾、一人扮耕夫、一人扮放牛郎，另有四位女子挑着水

普通话音频

粤语音频

桶、花篮跟随，其他人则敲锣打鼓演奏乐器。而每到一地，主人皆会燃放爆竹相迎。

在巡游之中，扮演耕夫的主角通常还会演唱民间小调《十二月花》，讲述一年十二个月的农事，教导人们耕种的知识，并由四位女子伴唱。

舞春牛活动体现了农耕时代人们对耕牛的重视与崇拜，也寄托了人们对美好生活的向往之情。

畲族招兵节

畲族招兵节，是粤东、粤北地区畲族百姓祭祀祖先的民俗活动，是当地最隆重的民间节日庆典。

相传在远古时期，因为番王作乱，高辛帝出榜招贤，承诺谁能收服番王，便将三公主赐其为妻。畲族先祖盘瓠欣然揭榜应命，前往番邦。到了番邦，盘瓠出其不意袭击番王，取了番王的首级。番兵自然追杀盘瓠，盘瓠一路逃亡到海边，眼看着无路可走，却忽然得到神兵相助，终于打退追兵，安然返国。

回国后，高辛帝见他立下大功，果然将三公主许配给他，封盘瓠为驸马王，成为了畲族人的先祖。

后人为了纪念先祖的事迹，便举办招兵节，以传承先祖的精神，并请天兵天将降临本村，以

普通话音频

粤语音频

保人畜平安、子孙昌盛。

　　招兵节一般由畲族各村各自组织，于冬至前后三天择日举办，整个活动历时三天，分为祷告、请神、安神、招兵、收邪等环节。

　　畲族招兵节集畲族文化之大成，涵盖了畲族的宗教、神话、语言、音乐、舞蹈、服饰、饮食等诸多内容，是广东省级非物质文化遗产。

东莞千角灯

　　千角灯，是广东省东莞地区的特色传统手工艺，源自宋代八角宫灯，有一千个角、缀有一千盏灯，集书画、剪纸、刺绣等民间工艺于一身，被誉为"千古一灯"。

　　相传，千角灯原本为东莞赵氏所独有，这赵氏乃宋朝皇族之后，因此只有东莞赵氏宗祠才能悬挂，作为家族添男丁开灯仪式之用。在东莞方言里，"角"和"个"同音、"灯"和"丁"同音，千角灯取的正是千角千灯人丁兴旺、千花同树、千角同根之意。

　　据《赵氏族谱》记载，赵氏家人每十年制作一盏新灯，制好后于正月悬挂于莞城赵氏宗祠内，供人观瞻。十年后其灯破旧，再重新制作。虽然灯每次都是新造，但千角灯所挂的二十四条灯带则据传为宋代皇族遗物，由赵氏

普通话音频

粤语音频

一族珍藏。每年春节，当地人观赏千角灯，祈求添丁，成为莞城一大风俗。当地诗人有诗云："一灯千角庆元宵，赵氏天潢衍宋朝。但愿灯花来报喜，三年抱两饮灯烧。"

可惜后来灯带被毁，而千角灯的制作技艺也几乎失传。2004年，当地政府邀请两位老艺人重新制作千角灯，并在当年对外展出，吸引了不少当地人和海外同胞前来观看。2006年，东莞千角灯入选国家级非物质文化遗产代表性项目名录。

七月三十装路香

　　七月三十装路香，是珠海市斗门区群众祭祀佛教地藏王菩萨的传统民俗活动。相传，过去当地群众为祈求地藏菩萨庇佑，曾于农历七月二十九日前往当地龙归寺祭祀，并立下例规将七月三十日定为装路香舞火龙日，至今已有300余年历史。

　　所谓"装路香"，就是家家户户在农历七月三十日这一天，在自家四周和门前小路两旁焚香拜祭的做法。整个装路香仪式分为自制香墩、焚香祭拜和舞火龙三个环节。

　　在七月三十日的傍晚，当地人便会安放好自制的香墩，每个香墩间隔1尺，上插三支香，沿路至禾塘和村社等地，然后各家进行祭拜仪式，寓意五谷丰登、一路兴旺、人寿年丰、国泰民安。

　　祭祀之后，村民们会在特制的龙身上插满

普通话音频

粤语音频

点燃的香枝，并在锣鼓声中，一人舞动龙珠、一人舞动龙头，之后上百人手持龙身和龙尾，沿着村街舞动前行，负责舞龙头的人还适时做出躬拜地面的动作，寓意向地藏王菩萨鞠躬行礼。舞火龙仪式过程中，孩子们还会唱起传统的童谣："细佬仔，小儿童，七月三十舞火龙，希望神灵多保佑，太平盛世乐无穷。"

装路香的习俗简单淳朴，材料简便，参与性强，体现了当地人朴实无华的性格特点，以及对太平盛世、美好生活的期望。